os 100 SEGREDOS das pessoas FELIZES

David Níven, Ph. D.

Os 100 SEGREDOS das pessoas FELIZES

Descobertas simples e úteis dos estudos científicos sobre a felicidade

ALTA BOOKS
EDITORA

Rio de Janeiro, 2020

100 Segredos das Pessoas Felizes
Copyright © 2020 da Starlin Alta Editora e Consultoria Eireli. ISBN: 978-85-508-1186-4

Translated from original The 100 Simple Secrets of Happy People. Copyright 2001 © by David Niven. ISBN 9780061157912. This translation is published and sold by permission of HarperSanFrancisco, the owner of all rights to publish and sell the same. PORTUGUESE language edition published by Starlin Alta Editora e Consultoria Eireli, Copyright © 2020 by Starlin Alta Editora e Consultoria Eireli.

Todos os direitos estão reservados e protegidos por Lei. Nenhuma parte deste livro, sem autorização prévia por escrito da editora, poderá ser reproduzida ou transmitida. A violação dos Direitos Autorais é crime estabelecido na Lei nº 9.610/98 e com punição de acordo com o artigo 184 do Código Penal.

A editora não se responsabiliza pelo conteúdo da obra, formulada exclusivamente pelo(s) autor(es).

Marcas Registradas: Todos os termos mencionados e reconhecidos como Marca Registrada e/ou Comercial são de responsabilidade de seus proprietários. A editora informa não estar associada a nenhum produto e/ou fornecedor apresentado no livro.

Publique seu livro com a Alta Books. Para mais informações envie um e-mail para autoria@altabooks.com.br

Obra disponível para venda corporativa e/ou personalizada. Para mais informações, fale com projetos@altabooks.com.br

---

Tradução: Maria Claudia Coelho

Preparo de Originais: Regina da Veiga Pereira

Revisão: Ana Grillo e Sérgio Bellinello Soares

Projeto Gráfico e Diagramação: Valéria Teixeira

Capa: Joyce Matos

Produção Editorial: Editora Sextante - CNPJ: 02.310.771/0001-00

Erratas e arquivos de apoio: No site da editora relatamos, com a devida correção, qualquer erro encontrado em nossos livros, bem como disponibilizamos arquivos de apoio se aplicáveis à obra em questão.
Acesse o site www.altabooks.com.br e procure pelo título do livro desejado para ter acesso às erratas, aos arquivos de apoio e/ou a outros conteúdos aplicáveis à obra.

Suporte Técnico: A obra é comercializada na forma em que está, sem direito a suporte técnico ou orientação pessoal/exclusiva ao leitor.

A editora não se responsabiliza pela manutenção, atualização e idioma dos sites referidos pelos autores nesta obra.

CIP-BRASIL. CATALOGAÇÃO-NA-FONTE
SINDICATO NACIONAL DOS EDITORES DE LIVROS, RJ

N653c   Niven, David, Ph.D.
        100 Segredos das pessoas felizes / David Niven; tradução de Maria Claudia Coelho. – Rio de Janeiro: Alta Books, 2020.
160 p.

Tradução de: The 100 simple secrets of happy people
ISBN 978-85-508-1186-4

1. Felicidade. 2. Conduta. I. Título

01-0203   CDD 158
                                          CDU 159.942

Rua Viúva Cláudio, 291 — Bairro Industrial do Jacaré
CEP: 20.970-031 — Rio de Janeiro (RJ)
Tels.: (21) 3278-8069 / 3278-8419
www.altabooks.com.br — altabooks@altabooks.com.br
www.facebook.com/altabooks — www.instagram.com/altabooks

Agradecimentos

Sou grato ao ótimo trabalho de Gideon Weil e da equipe da HarperSanFrancisco, que ajudaram a fazer deste livro uma boa ferramenta para seus leitores.

Agradeço também a meus agentes, Maureen Lasher e Eric Lasher, cujos interesse e fé neste projeto foram inestimáveis.

Sumário

Introdução	11
1 Use uma estratégia para alcançar a felicidade	15
2 Usufrua as coisas comuns	17
3 Seja uma pessoa positiva	18
4 Abra-se para novas idéias	19
5 Concentre-se naquilo que é realmente importante para você	21
6 Não confunda bens materiais com sucesso	23
7 Cultive as amizades	24
8 Lembre-se de onde você veio	25
9 Faça as coisas nas quais você se sente competente	27
10 A sua vida tem um propósito e um sentido	28
11 Não enfrente os seus problemas sozinho	29
12 Diga aos outros como eles são importantes para você	31
13 Seja agradável	33
14 Aceite-se tal como você é – incondicionalmente	34
15 Sorria	36
16 Goste daquilo que você tem	37
17 Seja flexível	38
18 Faça algo todos os dias	40
19 Seja seu próprio fã	41
20 Junte-se a um grupo	42
21 Os acontecimentos são temporários	44
22 Desligue a televisão	45
23 Nunca troque seus princípios por um objetivo	46
24 Não finja ignorar as atitudes que incomodam nas pessoas que você ama	47
25 Não se culpe	49

26 Compre aquilo de que você gosta 50
27 Faça do seu trabalho uma vocação 52
28 Você é uma pessoa, não um estereótipo 53
29 Tenha um objetivo 55
30 Você ainda não terminou a melhor parte de sua vida 56
31 Dinheiro não traz felicidade 58
32 Não se detenha em conflitos insolúveis 59
33 Os seus objetivos devem estar alinhados entre si 61
34 Não se concentre nas tragédias do mundo,
mas em suas esperanças 62
35 Você não tem que vencer sempre 64
36 Deixe que seus objetivos sejam o seu guia 65
37 Tenha expectativas realistas 67
38 Não se esqueça de se divertir 69
39 Escolha suas comparações com sabedoria 70
40 Seja responsável 72
41 Arranje um passatempo 73
42 A amizade é mais importante do que o dinheiro 74
43 Invejar os relacionamentos das outras pessoas é inútil 75
44 Acredite em você 77
45 Não acredite demais em você 78
46 Tome um tempo para se adaptar às mudanças 80
47 Use o seu trabalho de modo positivo 81
48 Se você não tiver certeza, escolha a opção mais positiva 82
49 Compreenda que a satisfação completa não existe 84
50 Cerque-se de perfumes agradáveis 85
51 A idade não é algo a se temer 87
52 Cultive suas lembranças 88
53 Preste atenção. Talvez você já tenha o que deseja 89
54 Descubra o que deixa você feliz ou triste 91
55 A satisfação é relativa 93

56 Não deixe que outras pessoas definam os seus objetivos   95
57 Não agrida seus amigos e sua família   96
58 Precisamos sentir que somos necessários   98
59 Não pense "e se"   99
60 Participe de um trabalho voluntário   100
61 Exercite-se   102
62 Você sempre tem uma escolha   103
63 Não é o que aconteceu, é o modo como você pensa sobre o que aconteceu   105
64 Desenvolva alguns interesses em comum com as pessoas que você ama   106
65 Ria   107
66 Não deixe toda a sua vida girar em torno de uma coisa só   108
67 Compartilhe   110
68 Estar ocupado é melhor do que estar chateado   112
69 Faça aquilo que disser que vai fazer   113
70 Procure pensar menos nas pessoas e nas coisas que incomodam   115
71 Mantenha contato com sua família   116
72 Coma frutas todos os dias   118
73 Pense em termos concretos   120
74 Dê apoio às pessoas   121
75 Procure reconciliar as pessoas   122
76 Goste dos animais   123
77 Tenha uma boa noite de sono   125
78 Escolha o assunto em que pensar ao se deitar para dormir   126
79 O fim chega para todos, mas podemos estar preparados   128
80 O modo como vemos o mundo é mais importante do que o modo como o mundo é   129
81 Mantenha lápis e papel sempre à mão   130
82 Ajude as pessoas próximas que precisarem de algo   132

83 Tome cuidado para não criticar duramente
sua família e seus amigos 133
84 Algumas pessoas gostam do quadro geral;
outras, dos detalhes 134
85 Se você não conseguir mudar seus objetivos,
eles irão lhe causar sofrimento 136
86 Não superproteja 137
87 Visite seus vizinhos 139
88 Não aceite o retrato do mundo que a televisão transmite 140
89 Coisas pequenas têm grandes significados 141
90 Não ignore uma parte de sua vida 143
91 Ouça música 144
92 Aprenda a usar o computador 145
93 Torça pelo time da casa 146
94 Não permita que suas crenças religiosas se enfraqueçam 147
95 Leia sempre 149
96 Cada relação é diferente da outra 150
97 Acredite na justiça final 151
98 Estabeleça uma rotina doméstica 152
99 Diga "não tem importância" 154
100 O que isso tudo quer dizer? Você decide 155

Introdução

Tudo o que eu posso fazer é apontar o caminho e torcer para que você o siga

"Ninguém é capaz de fazer os outros felizes em um passe de mágica. O que podemos é ajudar as pessoas a verem aquilo que precisam ver, apontar o caminho e torcer para que elas o sigam."

Isto foi dito por Harry Gilman, meu professor de psicologia. Ele poderia ter levado uma vida tranqüila publicando os resultados de pesquisas científicas e fazendo conferências para seus colegas. Mas Harry achava que seu trabalho não podia consistir em publicar artigos científicos para leitores especializados. Uma vez, ele afirmou num seminário: "De que serve descobrir alguma coisa que nos parece importante se não a revelarmos para as pessoas que possam realmente usar a informação? Por que passar a vida inteira brincando de 'eu tenho um segredo que só conto para alguns poucos privilegiados'?" Eu tive o privilégio de ser seu aluno e de aprender com ele o que procuro transmitir neste livro.

Harry se preocupava de fato com as pessoas e era isso que fazia dele um professor extraordinário. Em seus cursos de psicologia, ele pedia que os alunos entregassem semanalmente um caderno de anotações onde escrevessem qualquer coisa que quisessem: seus pensamentos, preocupações, esperanças, medos. Max Leer, um dos meus colegas, quase sempre escrevia sobre seu relacionamento com o pai, um homem que parecia nunca estar satisfeito com sua vida ou com o filho.

Harry lia nossas anotações atentamente e as comentava. Ele escreveu no caderno de Max: "Para algumas pessoas não há vitórias, somente várias maneiras de perder."

Nunca me esqueci dessa frase. Era uma maneira poderosa de reforçar aquilo que Harry havia discutido na sala de aula: boa parte da nossa vida é apenas uma questão de perspectiva, do ângulo pelo qual olhamos o que acontece. As coisas não são boas ou más, sucessos ou fracassos em si mesmas. É o modo como escolhemos encará-las que realmente faz a diferença.

"O que você faz da sua vida? Essa é a questão", dizia Harry para seus alunos. "Açúcar, farinha e ovos – são bons ou ruins? Você pode fazer um bolo com eles ou então uma bagunça. Mas o que é bom e o que é ruim para cada pessoa: o bolo ou a bagunça? Você pode fazer com esses ingredientes uma coisa boa para você? Sem dúvida. Você pode transformá-los em uma coisa ruim? É claro que sim."

Em outra ocasião, Harry expôs a mim e a meus colegas aquilo que ele chamava de capacidade quase ilimitada dos seres humanos de ignorar as conseqüências de longo prazo de suas decisões, preferindo concentrar-se nos resultados de curto prazo. Ele falou sobre a diferença entre um observador lógico e imparcial, que tomaria sempre decisões de longo prazo, e a pessoa que não consegue enxergar nada além da satisfação imediata. "Uma criança sempre vai pegar o pirulito; somente o adulto capaz de observar e refletir pensa nas cáries e na má nutrição", dizia Harry. "Precisamos nos esforçar para ser o adulto observador, em vez de apenas viver o momento. Devemos observar, como se estivéssemos fora de nós mesmos, aquilo que está acontecendo, aquilo que deveria acontecer, aquilo que estamos fazendo e que vai acabar nos prejudicando."

Adorávamos as aulas de Harry, pois sentíamos que elas nos ajudavam a viver. À medida que a formatura se aproximava, nossas conversas muitas vezes desviavam-se para o tema de nossos futuros e escolhas profissionais. "O que você pode fazer com a psicologia?" era a pergunta que Harry repetia. E ele mesmo respondia: "Tudo o que podemos fazer é divulgar as melhores respostas que tivermos. Desta forma as pessoas terão uma chance de usá-las."

No dia da formatura, fui à procura de Harry para agradecer-lhe. "Eu não sei como agradecer, Harry. Você fez de mim uma pessoa melhor."

"Obrigado, David", respondeu ele, "mas eu não fiz de você uma pessoa melhor. Tudo o que eu posso fazer é apontar o caminho e torcer para que você o siga."

☺ ☺ ☺

Ofereço a você este livro com a seguinte intenção: revelar as descobertas das pesquisas psicológicas sobre as pessoas felizes e torcer para que você as siga.

Qual é a diferença entre as atitudes das pessoas felizes e as das infelizes? As publicações científicas estão cheias de respostas para essa pergunta. Mas se você tentar ler alguma delas descobrirá que são escritas numa linguagem hermética, incompreensível para os leigos comuns que procuram a felicidade.

E é aí que os *100 segredos das pessoas felizes* entram. Após ler mais de mil trabalhos escritos na última década sobre as características e crenças das pessoas felizes, escolhi os conselhos que considerei melhores e mais práticos. Em vez de utilizar o jargão acadêmico, apresento as conclusões dessa pesquisa sob a forma de conselhos simples e úteis. Acrescentei a eles exemplos do modo como as pessoas encontram a felicidade e conseguem continuar sendo felizes.

☺ ☺ ☺

Não se esqueça: por mais simples que os conselhos pareçam ser, eles refletem os resultados de sérias pesquisas científicas sobre a vida de pessoas comuns. Eles o ajudarão a compreender as diferenças entre as pessoas felizes e as pessoas infelizes e a saber o que pode fazer para aproveitar melhor a vida. Estou apontando o caminho agora e espero que você o siga.

1

Use uma estratégia para alcançar a felicidade

Costumamos achar que as pessoas felizes e infelizes já nascem feitas. Mas não é assim. Tanto as pessoas felizes quanto as infelizes fazem coisas que criam e reforçam seus estados de espírito. As pessoas felizes permitem-se ser felizes. As pessoas infelizes continuam a fazer coisas que as aborrecem, prejudicam, contribuem para sua infelicidade.

☺ ☺ ☺

Qual é a primeira condição para que um negócio dê certo? Um plano de negócios bem-feito. Este é o argumento defendido pelos técnicos do Centro de Administração Estratégica, uma firma de consultoria empresarial. Eles acreditam que cada negócio precisa definir seu objetivo e em seguida criar uma estratégia para alcançá-lo.

O mesmo acontece com as pessoas. Defina o que você quer e então use uma estratégia para consegui-lo.

Por incrível que pareça, as crianças são melhores nisso do que os adultos. As crianças pequenas sabem muito bem qual é o momento e o modo de fazer pirraça para conseguir um sorvete. E sabem qual é o nível de gritaria que provocará uma reprimenda dos pais. As crianças compreendem que há regras e padrões previsíveis na vida e usam uma estratégia para conseguir o que querem.

Viver uma vida feliz na idade adulta é como tentar conseguir aquele sorvete em criança. Você precisa saber o que quer e usar a melhor estratégia para consegui-lo. São pequenas coisas e pequenas atitudes que, somando-se, vão construindo a felicidade. Quando eu estudava na universidade, fazia muito calor durante uma aula e o professor não tomava qualquer iniciativa para ligar o ar-condicionado. Os alunos começaram a resmungar, murmurando coisas do tipo "que calor infernal", "que sujeito sovina". De repente, uma das alunas, com um sorriso amável, disse em voz alta: "Por favor, o senhor poderia ligar o ar-condicionado?" Ato contínuo, o professor se levantou e acionou o aparelho. Houve protestos: "Ela é a queridinha dele." O mestre olhou para a turma e afirmou serenamente: "Não, ela foi a única que pediu." Situações como essa se multiplicam pela vida afora. Pense nas coisas que você realmente deseja e na melhor forma de consegui-las. Descubra as que lhe causam tristeza e procure conscientemente a melhor maneira de evitá-las.

As pessoas felizes não têm um sucesso após o outro, e as pessoas infelizes, um fracasso após o outro. As pesquisas mostram que as experiências de vida das pessoas felizes e infelizes tendem a ser muito semelhantes. A diferença é que a pessoa infeliz (não estamos falando de grandes desgraças) passa boa parte do tempo pensando no que lhe acontece de negativo, ou mesmo nos aspectos negativos de acontecimentos positivos, enquanto que as pessoas felizes tendem a valorizar tudo o que lhes acontece de positivo ou a extrair o aspecto positivo de todas as suas experiências.

LYUBOMIRSKY, 1994

2

Usufrua as coisas comuns

Durante o dia fazemos inúmeras coisas que podem ser realizadas de forma automática e rotuladas de "tarefas", mas que podem também ser vividas como diversões prazerosas. Levar o cachorro para passear é algo que precisa ser feito, sem dúvida, mas enquanto caminha com o cachorro você está fazendo exercício, tem tempo para pensar e uma oportunidade de ver a paisagem e a vizinhança. Usufrua aquilo que você faz todos os dias.

Sabemos que a maior parte dos dias será comum. Teremos na vida alguns dias e momentos especiais que permanecerão conosco para sempre, mas a quase totalidade dos dias deste ano que você está vivendo provavelmente não terá nada de especialmente marcante.

Ainda assim, nesses dias comuns sempre há muitas coisas que podem nos dar prazer e alegria. Vamos pensar um pouco nelas: ao acordar, tome consciência do aconchego da cama onde você descansou e usufrua a maciez dos lençóis. Veja a água descer do chuveiro como um milagre diário e sinta-a escorrer por seu corpo, limpando-o, refrescando-o. Aspire o perfume do café fresco que invade a casa, mastigue vagarosamente o pão quentinho, sentindo seu sabor. Não deixe essas preciosidades passarem despercebidas. Olhe o azul do céu ou alegre-se com a chuva, pensando nas plantas que ela nutre. Desenvolva em você essa capacidade de atenção para os pequenos e grandes privilégios que se oferecem a cada momento. É só uma questão de mudar a ótica, de deixar de considerar naturais as belezas e os confortos que nos cercam. Se tiver filhos pequenos, chame a atenção deles para isso, eduque seus sentidos e sua sensibilidade para usufruir os dons que o mundo nos oferece cotidianamente.

☺ ☺ ☺

> Em um estudo realizado com mais de 13 mil pessoas, 96% dos entrevistados classificaram sua satisfação com a vida como no máximo "razoavelmente positiva". A vida satisfeita não é feita de grandes momentos, mas de um cotidiano agradável e positivo.
>
> Diener e Diener, 1995

3

Seja uma pessoa positiva

Em casa, no trabalho ou na companhia de amigos, seja uma pessoa que transmite otimismo, e você verá que esse otimismo voltará para você e influenciará favoravelmente sua vida.

☺ ☺ ☺

Se você estivesse diante de um desafio – seja subir uma montanha ou terminar um projeto no trabalho –, que tipo de pessoas você gostaria de ter a seu lado? Pessoas pessimistas que lembrassem da probabilidade de fracasso ou pessoas otimistas que acreditassem no seu sucesso?

Pense nas pessoas em cuja companhia você gosta de estar. Pense nas pessoas cuja presença faz bem a você. O que elas têm em comum? Alguma delas é pessimista – está sempre esperando que aconteça o pior? Não. Nossa tendência é nos aproximarmos das pessoas que encaram a vida com expectativas agradáveis.

O máximo que encontrei nesse sentido foi uma mulher que, apesar de ter passado por experiências duras e sofridas, estava sempre animada e disposta. Perguntei-lhe a que devia esse otimismo e ela me respondeu sorrindo: "Deus me deu de presente um temperamento feliz. Num céu cinzento, se vejo uma pequena nesga mais clara, seguro as nuvens com as duas mãos e abro-as para que o azul do céu apareça."

Viver com satisfação é um dos grandes desafios da vida. É melhor que o enfrentemos com otimismo.

É muito difícil para os cientistas determinar o grau de felicidade de uma pessoa com base nas experiências vividas por ela. É muito mais fácil avaliar a felicidade de alguém pelas crenças e atitudes dessa pessoa.

CHEN, 1996

4

Abra-se para novas idéias

Nunca pare de aprender e de se adaptar. O mundo está sempre mudando. Se você se limitar àquilo que sabia e com que você se sentia à vontade em outra época da vida, irá se isolando à medida que envelhecer e sentindo cada vez maior frustração com as circunstâncias à sua volta.

☺ ☺ ☺

Era um casal na faixa dos 80 anos. Eu tinha uma relação de amizade com a família e por isso convivi muito com eles. Na grande mesa de refeição que reunia filhos e netos aos domingos, o contraste entre os dois era flagrante. Ela, atenta ao que se dizia, curiosa em ouvir histórias e opiniões, em entender o que se passava no mundo, às vezes escandalizada com a linguagem dos jovens, mas colocando seus limites sem censurar. Ele, desinteressado, emburrado mesmo, porque ninguém prestava atenção a suas histórias, contadas e recontadas centenas de vezes. Eu soube que ela mantinha um diário e que, tendo dificuldade para escrever à mão, fizera um curso de computador e digitava diariamente suas experiências e o que se passava na família. Estava descobrindo a internet e se maravilhava viajando na tela. Os netos vinham visitá-la durante a semana e, com gosto, contavam suas histórias. Ele era ouvido com tédio e condescendência, pois estava fechado para escutar, para aprender, para descobrir, apegado a um passado que lhe dera segurança. Começava a morrer em vida.

Mas não é preciso estar na faixa dos 80 para que isso aconteça. Há pessoas razoavelmente jovens aferradas a seus hábitos, idéias, valores, "donas da verdade", surdas às idéias e argumentações que possam contestar seus dogmas, centradas em si mesmas e despidas de qualquer curiosidade em relação à novidade com que o mundo constantemente nos presenteia. Estão preparando um envelhecimento precoce e condenando-se a uma melancólica solidão.

Em pesquisas realizadas com americanos idosos, a satisfação estava mais relacionada à capacidade de adaptar-se do que às suas finanças ou à qualidade de seus relacionamentos. Se estivessem dispostos e abertos para mudar alguns de seus hábitos e expectativas, sua felicidade se manteria mesmo que as circunstâncias mudassem. Aqueles que eram resistentes às mudanças e que se fechavam para o novo tinham chances inferiores a um terço de se sentirem felizes.

CLARK, CARLSON, ZEMKE, GELYA, PATTERSON E ENNEVOR, 1996

5

Concentre-se naquilo que é realmente importante para você

Não há nenhum sentido em disputar um jogo que você não está interessado em vencer. Faça com que sua vida e suas expectativas sejam reflexos profundamente pessoais daquilo que é realmente importante para você.

Desde que se entendeu por gente, Louise foi apresentada a um modelo: sua prima Gilda, uma criança exuberante, extrovertida, extremamente sedutora. Louise era de temperamento tranqüilo, gostava de ler horas a fio, relacionava-se com poucas pessoas, mas com profundidade. Foram necessários muitos anos para que ela se desse conta da armadilha que o modelo da prima lhe armara e partisse para investir em seu próprio desejo. Só assim se realizou. Mas antes disso empenhou-se inutilmente em copiar o jeito sedutor, em tentar fazer Direito – Gilda tornara-se uma brilhante advogada – e multiplicar os namorados. Uma frustração após a outra, um incrível desperdício de energia. Acabou como pesquisadora, feliz em seu laboratório, feliz com seu pequeno mas consistente grupo de amigos, feliz em seu casamento que durou por toda a vida.

O que você realmente deseja? Qual é a meta pela qual vale a pena lutar e que está de acordo com seu modo de ser? Não invista num objetivo por mera competição, pela expectativa que os outros têm em relação a você, ou por um modelo que lhe impuseram. Deixe o vizinho, o amigo, o parente com sua casa, seu carro, seu estilo de vida, e procure persistentemente descobrir o que você quer. Tenha consciência de que as imposições externas são contínuas e cruéis e cuide de si com o maior carinho. Faça o mesmo com seus filhos: descubra como é cada um e ajude-os a crescer desenvolvendo suas características únicas em vez de apresentar-lhes um modelo estereotipado. Não valorize as pessoas pelo que têm, mas pelo que são, e você aprenderá a respeitar-se no que possui de fundamental, o que lhe dará muita paz.

Os objetivos são essenciais para que as pessoas se orientem no mundo e para que alcancem a satisfação na vida. Buscar objetivos de acordo com as próprias características aumenta em 43% as chances de que os objetivos atingidos contribuam de modo positivo para a satisfação na vida.

EMMONS E KAISER 1996

6

Não confunda bens materiais com sucesso

O tipo de carro que você tem, o tamanho da sua casa ou a rentabilidade dos seus investimentos não fazem de você uma pessoa melhor ou pior. Lembre-se daquilo que realmente importa na vida.

☺ ☺ ☺

Imagine que hoje é o seu último dia na Terra. Agora, faça uma lista mental de todas as coisas que conseguiu, todas as coisas de que se orgulha e todas as coisas que deixaram você realmente feliz.

O seu carro está nessa lista? A sua televisão? Seu aparelho de som? O seu salário faz parte da lista? Não acredito. O que está na lista são os elementos fundamentais de uma vida plena – seu relacionamento com seus amigos e sua família, suas contribuições para a felicidade dos outros, os momentos marcantes e de maior emoção. Estes são os alicerces da sua lista.

Muitas pessoas vivem dia após dia se enganando. Em vez de investirem no que é fundamental, priorizando esses valores, colecionam coisas materiais e prestígio sem questionar o que o "sucesso" significa realmente.

☺ ☺ ☺

Em um estudo baseado em questionários e na observação cotidiana, os recursos materiais eram nove vezes menos importantes para a felicidade do que os recursos "pessoais", como a relação amorosa com os amigos e a família.

Diener e Fujita, 1995

7

Cultive as amizades

Reaproxime-se dos antigos amigos e aproveite as oportunidades no trabalho ou na vizinhança para expandir seu círculo de amizades. As pessoas precisam sentir que fazem parte de um contexto maior onde há uma troca de afeto e atenção.

☺ ☺ ☺

Andy desejava conhecer seus vizinhos, mas em geral o que via eram cercas altas e portas fechadas.

Anos antes, Andy havia comprado um computador com a intenção de usá-lo para trabalhar. Em um dia de folga, começou a explorar a internet. Visitou vários sites onde pessoas que tinham interesses comuns em livros, esportes ou arte reuniam-se on-line para conversar sobre seus passatempos.

Ele começou a conversar com uma pessoa em particular durante suas viagens cibernéticas e logo descobriu que tinham muito em comum. Passaram a conversar um com o outro, embora por intermédio de um computador.

Semanas mais tarde, durante uma conversa cibernética de Andy com seu novo amigo, sua casa ficou sem luz elétrica. Quando a eletricidade voltou, Andy procurou seu amigo e descobriu que ele, exatamente no mesmo momento, também ficara sem eletricidade.

Suspeitando da coincidência, Andy e o amigo resolveram revelar seus endereços. Entre todos os lugares do mundo em que poderiam estar, descobriram que moravam na mesma rua!

Andy aprendeu uma lição: há pessoas maravilhosas bem perto esperando que você as descubra.

☺ ☺ ☺

As relações íntimas de amizade são os fatores mais relevantes para a felicidade. Se você se sente próximo de outras pessoas, você tem quatro vezes mais chances de se sentir bem consigo mesmo do que se não se sentir próximo de ninguém.

Magen, Birenbaum e Pery, 1996

8

Lembre-se de onde você veio

Pesquise sua origem e celebre-a. Todos nós pertencemos a um grupo ou a uma família que tem sua história, seus valores, sua cultura, que passou por muitas experiências e desafios até chegar a você. Isso traz um enorme reforço à sua identidade e faz com que você se sinta um ser único e original no meio de um mundo vasto e complexo.

☺ ☺ ☺

Vivemos num mundo massificado que nos impõe seus costumes e nos identifica por nossas características mais superficiais. Nossas casas parecem iguais, nossas cidades parecem iguais, vemos os mesmos filmes, obedecemos à ditadura da moda, repetimos as opiniões impostas pelos meios de comunicação. Freqüentemente nos sentimos perdidos em meio a toda essa repetição, sem mesmo nos darmos conta de que ansiamos por saber qual é o nosso lugar no mundo. Conhecemos nosso círculo familiar mais próximo, ouvimos remotamente falar de nossos ancestrais, mas não temos idéia do que viveram e representaram. "De onde vim e como cheguei a este lugar?" é uma pergunta que raramente nos ocorre, apesar de sua resposta ser importante para nossa identidade.

A Fundação Pró-Fortalecimento é um bom exemplo. O grupo ensina crianças negras americanas a conhecer sua herança por meio de aulas de história, arte e celebrações com música e comida.

O que esses alunos adquirem com essas aulas? Orgulho. Um senso de realização, de pertencer a um grupo. Os efeitos são impressionantes. Os alunos que participam tendem a melhorar sua freqüência e suas notas na escola. Uma aluna da oitava série explicou que o programa a havia feito esforçar-se mais, dedicar-se mais a um objetivo profissional e "sentir-se melhor consigo mesma porque agora conhecia sua herança".

Uma família amiga minha decidiu recuperar sua memória organizando uma pesquisa de que todos – crianças, jovens e adultos – participaram. Durante seis meses, recolheram retratos, recortes de jornal, histórias, depoimentos que, numa reunião com a presença de todos, foram expostos, relatados, compartilhados. O processo promoveu uma união maior entre todos, uma enorme alegria e uma profunda satisfação pelo sentimento de ligação com as mesmas raízes.

Em pesquisas feitas com estudantes, o fortalecimento da identidade étnica está associado a uma satisfação na vida 10% maior.

NETO, 1995

9

Faça as coisas nas quais você se sente competente

Precisamos nos sentir competentes. Quando você realiza tarefas para as quais tem talento, sejam elas quais forem, você o faz com prazer, mesmo que tenha que pedir ajuda. Reconheça tranqüilamente quais são as coisas para as quais você não tem jeito e recuse-se a desempenhá-las, se for possível.

Os pesquisadores da Universidade do Estado da Pensilvânia notaram uma tendência muito acentuada nas notas dos alunos. Nos departamentos em que há menos matérias obrigatórias, as notas são geralmente mais altas. Inicialmente, os pesquisadores acharam que isso se devia ao fato de os alunos escolherem os cursos mais fáceis. Mas depois descobriram que esses alunos tinham notas mais altas tanto nos cursos eletivos quanto nos obrigatórios.

A conclusão foi de que, tendo mais liberdade para escolher seus cursos, os alunos tendiam a escolher as matérias nas quais estavam interessados e nas quais poderiam se sair bem. Mas, o que é mais importante, o bom rendimento nesses cursos eletivos melhorava seu desempenho em todas as matérias, porque os hábitos positivos criados pelo sucesso nas disciplinas escolhidas eram levados para os cursos obrigatórios.

> Quem é mais feliz: a mulher que toma conta da casa e dos filhos ou a que trabalha fora? Em estudos comparativos realizados com membros dos dois grupos, os pesquisadores descobriram que, se a pessoa se sente competente naquilo que faz, a felicidade acontece em ambas as situações.
>
> HAW, 1995

10

A sua vida tem um propósito e um sentido

Você não está aqui apenas para preencher um espaço ou para ser um figurante no filme de outra pessoa.

Pense nisto: o mundo seria diferente se você não existisse. Cada lugar onde você esteve e cada pessoa com quem você já falou seriam diferentes sem você.

Estamos todos interligados e somos todos afetados pelas decisões e mesmo pela existência daqueles que vivem no mundo conosco.

Gosto muito do exemplo de Peter, um advogado da Filadélfia, e seu cachorro, Tucket. Tucket estava ficando gradualmente paralisado por um tumor na medula.

Peter não conseguia encontrar um médico veterinário que pudesse salvar seu cachorro. Desesperado em busca de alguém que pudesse ajudá-lo, ele procurou um neurocirurgião pediátrico.

O médico concordou em tentar ajudar Tucket e em troca pediu a Peter uma doação para o hospital infantil no qual trabalhava.

Jerry nunca viu Peter ou Tucket. Jerry é um menino de 5 anos, louro e de olhos azuis, que adora purê de batatas. Jerry também tem tumores na espinha e no cérebro.

Com a ajuda da doação que Peter fez ao hospital, Jerry foi submetido a uma operação bem-sucedida para a retirada dos tumores.

A cirurgia de Tucket também foi um sucesso.

☺ ☺ ☺

Estudos realizados com americanos mais idosos descobriram que um dos fatores mais importantes para a felicidade é saber profundamente que sua vida tem um propósito. Sem um propósito claramente definido, sete em 10 indivíduos sentem-se inseguros em relação a suas vidas. Em contrapartida, quase sete em 10 pessoas que têm consciência de haver um propósito em suas vidas sentem-se satisfeitas.

LEPPER, 1996

11

Não enfrente os seus problemas sozinho

Quando estamos sozinhos, alguns problemas às vezes parecem insolúveis. Precisamos compartilhar nossos problemas com os outros, seja com aqueles de quem gostamos e em quem confiamos, seja com pessoas que enfrentaram ou enfrentam problemas semelhantes. Ao falar e ouvir o que os outros têm a dizer, as questões ficam mais claras e assumem sua verdadeira dimensão. O fato de sabermos que o nosso interlocutor – pode ser uma pessoa ou um grupo – já viveu e superou um problema igual ao nosso nos dá ânimo e força para enfrentar aquele momento. Pode ser que a solução encontrada pelo outro não nos sirva, mas certamente teremos mais facilidade e discernimento para encontrar a nossa.

☺ ☺ ☺

Esta é uma história que o pessoal que trabalha numa empresa de consultoria ouve com freqüência. Ei-la: Sam deixou de pagar uma prestação de sua hipoteca. Em seguida, deixou de pagar uma segunda. E então uma terceira. Por fim, o banco veio e tomou a sua casa.

Quando ele deixou de fazer o primeiro pagamento, muitas coisas que Sam desconhecia poderiam ter sido feitas para protegê-lo. Sam tinha amigos capazes de ajudá-lo. Mas como se sentiu envergonhado, ele não os consultou, achando que poderia sair sozinho daquela situação. À medida que o tempo passava e a situação se agravava, Sam ficava mais preocupado e envergonhado. Por isso, foi se isolando cada vez mais e, antes que seus amigos descobrissem o que havia acontecido, Sam tinha sido despejado.

A única coisa que você consegue escondendo seus problemas é garantir que ninguém o ajude.

☺ ☺ ☺

> Um grupo de mulheres com baixo nível de satisfação na vida foi submetido a uma experiência. Algumas foram apresentadas a outras pessoas que viviam problemas semelhantes aos seus e outras foram deixadas sozinhas às voltas com suas preocupações. Aquelas que interagiram com outras pessoas tiveram, com o tempo, suas preocupações reduzidas em 55%, enquanto que aquelas que foram deixadas sozinhas não apresentaram qualquer melhora.
>
> Hunter e Liao, 1995

12

Diga aos outros como eles são importantes para você

Os relacionamentos se baseiam no apreço mútuo e não há maneira melhor de demonstrar esse apreço do que dizer a uma pessoa que ela é importante para você.

Na Universidade de Houston, alguns cientistas pesquisaram as razões que nos impedem de dizer às pessoas que gostamos delas ou que elas são importantes para nós. Uma das áreas estudadas foi a reação a eventos tristes, como a morte de um parente próximo.

Um entrevistado, Bill, perdera recentemente seu pai. Alguns amigos de Bill enviaram telegramas de pêsames; outros enviaram flores; alguns, mensagens; outros disseram-lhe que estavam à disposição para qualquer coisa de que precisasse. E outros não fizeram nada.

Por que alguns de seus amigos não disseram nada?

Talvez porque tivessem medo de se aproximar ante a situação de morte. Sentiram-se intimidados, deixaram o tempo passar e depois ficaram sem jeito de manifestar-se, achando-se culpados por não o terem feito no momento certo. Isso inevitavelmente criou um afastamento.

Um amigo me contou que quando sua mãe morreu subitamente ele aprendeu uma lição importante. Alguns poucos amigos, ao saberem a notícia, telefonaram imediatamente. Ele se surpreendeu com o que sentiu como "coragem" dos amigos, mas a manifestação de solidariedade e carinho deles confortou-o imensamente. "Depois disso, nunca mais deixei de manifestar-me em qualquer ocasião de perda, seja de que natureza fosse", me falou ele.

Mas não é apenas em situações de morte que as pessoas têm dificuldade de expressar seu amor, sua admiração ou gratidão. Às vezes, engolidas pela correria do cotidiano, as pessoas não encontram espaço para isso, ou partem do pressuposto de que não é necessário expressar afeto e apreço porque o outro já sabe que é importante ou amado. Talvez elas achem que dizer ao outro o quanto ele é importante signifique ser vulnerável, rebaixar-se. Para essas pessoas, os relacionamentos podem ser mais uma competição do que uma celebração, e as competições estão baseadas na força, no poder e na posição.

Os pesquisadores alertam que não vencemos nos relacionamentos, vencemos *tendo* bons relacionamentos.

Pesquisas feitas com adultos desempregados mostraram que a duração do período de desemprego era menos importante para a auto-estima da pessoa do que o apoio recebido dos pais, parentes e amigos.

LACKOVIC-GRGIN E DEKOVIC, 1996

13

Seja agradável

Seja uma pessoa fácil de lidar. Não brigue ou se zangue impulsivamente. A verdade pode ser dita e tudo pode ser resolvido com calma.

☺ ☺ ☺

Em uma manhã de sábado, Frank foi jogar golfe com seu amigo Mark, dizendo para sua esposa, Michelle, que estaria em casa por volta das duas horas e que sairiam à noite para jantar. Frank era um marido amoroso e dedicado, mas uma pessoa muito distraída. Após o golfe, Mark pediu a Frank que o ajudasse a consertar a porta de sua casa e depois ofereceu-lhe um sanduíche. E assim a tarde se foi. A caminho de casa, Frank olhou para o relógio e ficou espantado de ver que já passava das cinco e preocupado porque não ligara para Michelle. Ela devia estar furiosa, iria brigar com ele e tudo isso estragaria a noite.

Frank entrou em casa tenso, já na defensiva, pensando em várias justificativas para dar, mas em vez disso pediu desculpas à mulher e explicou o que tinha de fato acontecido. Michelle sorriu, puxou carinhosamente a orelha do marido, disse que tinha ficado aflita com a demora, mas agora sentia um grande alívio e queria comemorar com o jantar planejado. Juntos passaram uma noite feliz.

> Os cientistas descobriram que adotar uma atitude positiva em relação às pessoas com quem convivemos é um dos critérios mais importantes para a satisfação pessoal. Quem opta pela rispidez e agressividade tem suas chances de felicidade reduzidas para menos da metade.
>
> GLASS E JOLLY, 1997

14

Aceite-se tal como você é – incondicionalmente

Você não é o tamanho da sua conta bancária, o bairro onde mora, a roupa que usa ou o tipo de trabalho que faz. Você é, como todo mundo, uma mistura extremamente complexa de capacidades e limitações.

Há um novo tipo de comportamento de Ano Novo que vem se tornando cada vez mais popular nos Estados Unidos. Em vez de se concentrarem em algo que acham que está errado consigo mesmas, muitas pessoas, comprometendo-se com as mudanças que desejam fazer, estão escolhendo uma nova abordagem. Elas decidiram aceitar o modo como são e reconhecer que, apesar dos defeitos, são pessoas completas, boas pessoas. Acham que, estimulando o que têm de positivo, em vez de darem maior ênfase em consertar o negativo, podem crescer e ser melhores. Mais felizes.

Kathleen, que é uma adepta dessa filosofia da aceitação, explica que costumava se sentir como se estivesse em uma armadilha da qual não podia escapar. Ela tentava se corrigir e se modificar, e o fracasso dessas tentativas de mudança a fazia mais infeliz do que o próprio problema original. Ela se sentia uma neurótica grave, devido às pressões para mudar e ao peso do fracasso.

Agora Kathleen trabalha com aconselhamento na linha do "aceite a você mesmo". Isso não significa de forma nenhuma ignorar seus próprios defeitos ou não tentar melhorar em nada. Aceitar-se significa "acreditar no próprio valor em primeiro, segundo... e último lugares, sempre".

Em um estudo sobre a auto-estima dos adultos, os pesquisadores descobriram que as pessoas que estão felizes consigo mesmas constatam os defeitos procurando entendê-los e aceitam as falhas e derrotas tratando-as como incidentes isolados que não diminuem sua capacidade. As pessoas infelizes se culpam pelas falhas e superdimensionam as derrotas, tomando-as como um indicador daquilo que são e usando-as para prever um resultado negativo para os futuros acontecimentos de suas vidas.

Brown e Dutton, 1995

15

Sorria

O seu sorriso deixa outras pessoas felizes e também faz você feliz.

☺ ☺ ☺

Se você pudesse fazer uma coisa que deixasse as pessoas felizes, e isso não lhe custasse nem tempo nem dinheiro, você a faria? Se essa mesma coisa também lhe trouxesse felicidade, você a faria? Que coisa mágica é essa que pode alegrar seu dia e o dia das pessoas à sua volta sem lhe custar nada? Um sorriso. No trânsito, nas lojas, nas filas, nas salas de espera, por onde você andar, semeie sorrisos. Você vai se surpreender ao ver um rosto fechado iluminar-se e abrir-se. E mesmo que não haja retribuição, não se importe: o seu sorriso faz bem a você.

Um grupo de cientistas da Universidade da Califórnia identificou 19 tipos diferentes de sorrisos, com uma característica em comum: todos eles são capazes de comunicar uma mensagem agradável.

☺ ☺ ☺

Em uma pesquisa realizada com adultos de várias idades descobriu-se haver uma tendência nas pessoas a imitar as expressões daqueles que estão a seu redor. Em outras palavras, rostos tristes provocam mais rostos tristes, e rostos sorridentes provocam sorrisos e felicidade.

LUNDQVIST E DIMBERG, 1995

16

Goste daquilo que você tem

As pessoas satisfeitas apreciam aquilo que têm na vida e não se preocupam em compará-lo com o que os outros possuem. Valorizar o que se tem – em vez de lastimar-se pelo que não se tem ou não se pode ter – leva a uma felicidade maior.

☺ ☺ ☺

Alice tem 4 anos. Ela corre para a árvore de Natal e vê presentes maravilhosos. Não há dúvida de que ela recebeu menos presentes do que alguns de seus amigos e é provável que não tenha ganho algumas das coisas que mais queria. Mas, nesse momento, ela não pensa no que não ganhou e não se compara com os outros. Em vez disso, ela fica deslumbrada com os tesouros à sua frente.

Pode ser que eu pareça insistir muito nesta questão: usufruir o que se tem, não comparar-se com os outros, não exigir de si mais do que se é capaz de dar. Insisto mesmo, porque há uma forte tendência no ser humano em fazer o contrário e porque considero esses uns dos mais importantes segredos para a felicidade.

Quando olhamos nossas vidas, muitas vezes pensamos naquilo que não temos e naquilo que não conseguimos. Esse sentimento é inevitável e devemos nos dar conta dele, sem negá-lo. Mas esse enfoque nos tira o prazer. Você não seria capaz de sentar-se junto à árvore de Natal e chamar a atenção de Alice para os presentes que ela não ganhou, ou para comparar seus presentes com os dos outros. Por que então fazer isso com você mesmo? Reconheça quando esse sentimento despontar e desapegue-se dele, substituindo a imagem das coisas que não tem pela das que possui, buscando a alegria que elas lhe oferecem.

☺ ☺ ☺

As pessoas que têm mais coisas podem ser tão felizes quanto aquelas que têm menos. Mas as pessoas que gostam do que possuem têm chances duas vezes maiores de ser felizes do que aquelas que de fato possuem mais.

SIRGY, COLE, KOSENKO E MEADOW, 1995

17

Seja flexível

Muitas vezes, quando queremos estar na companhia de nossos amigos e parentes, queremos que as coisas aconteçam exatamente como desejamos. Se todas as pessoas lidassem com as relações dessa maneira, ninguém se sentiria feliz. Em vez de pensar apenas naquilo que você quer, leve em consideração também aquilo que os outros querem. Aceite que sempre haverá diferenças entre as pessoas e que, se você for flexível, poderá aproveitar melhor o encontro e reforçar os laços de afeto.

☺ ☺ ☺

Depois que seus pais morreram, três irmãs, Donna, Marie e

April, decidiram manter a tradição da festa de Natal da família, que sempre lhes dera muita alegria. Donna, a mais velha, determinou que a primeira festa seria em sua casa. Sem consultar as outras, definiu o cardápio, acrescentou mais alguns convidados e eliminou a cerimônia do amigo-oculto, que a incomodava. Quando as irmãs souberam o que estava sendo planejado, protestaram. Marie não se dava com uma das pessoas que Donna ia convidar e April gostava especialmente do ritual do amigo-oculto. Discutiram, mas Donna ficou inflexível.

A noite de Natal não reproduziu a alegria dos anos anteriores. Além da ausência dos pais, havia um clima de constrangimento entre as irmãs que contaminava todo o ambiente.

Foi o último Natal que passaram juntas. Donna acusou as irmãs de estragarem a festa, April e Marie ressentiram-se do autoritarismo da mais velha. Ninguém foi capaz de negociar e ceder em nome de um bem comum que era a união que durante tantos anos as fizera felizes.

No casamento, particularmente, é fundamental para a felicidade que haja flexibilidade na negociação dos desejos de cada um. São duas pessoas diferentes, com suas histórias e suas características próprias, que se propõem a ser felizes juntas. Não se trata de uma competição para ver quem ganha, mas da administração conjunta de um bem comum. E para isso é fundamental ser capaz de ouvir e acolher o desejo um do outro com flexibilidade.

Todos nós passamos por mudanças significativas no correr do tempo. Aqueles que encaram essas mudanças como inevitáveis e permanecem abertos à possibilidade de que elas sejam positivas têm 35% mais chances de estar satisfeitos com a vida do que aqueles que resistem às mudanças e as sentem como perdas.

Minetti, 1997

18

Faça algo todos os dias

Às vezes os dias vão embora sem nos darmos conta do que pensamos e do que fizemos. Como se o tempo nos carregasse e não fôssemos donos de nós mesmos. Assegure-se todos os dias de fazer algo, por menor que seja, em busca dos seus objetivos.

☺ ☺ ☺

Todos nós já ouvimos o provérbio "uma viagem de mil quilômetros começa com o primeiro passo".

Ao final de cada ano, Carole faz uma reunião com seus amigos em que pergunta a cada um: "O que deseja para você no próximo ano?" Isso os obriga a pensar, e as respostas são variadas, indo desde bens materiais até desejos de crescimento e realização pessoal. Ela anota as respostas e, no final do ano seguinte, conferem juntos os progressos. Definir um objetivo nos dá uma referência e um sentido para os passos de cada dia. Não significa que não possamos mudar de objetivo no correr do ano, mas nos torna atentos ao processo e aos avanços, por menores que sejam.

É bom que você preste atenção nos seus progressos. Pode ser uma palavra que disse ou deixou de dizer, um gesto, uma iniciativa, uma descoberta. Pergunte-se: o que consegui hoje? Se você tiver uma resposta, se puder ver o progresso que fez em sua jornada e se alegrar com ele, então você teve um dia valioso, um bom dia.

☺ ☺ ☺

Em uma pesquisa realizada com centenas de estudantes universitários descobriu-se que os indivíduos ficavam mais felizes quando sentiam que estavam se aproximando de seus objetivos. Os estudantes que não viam seu progresso tinham chances três vezes menores de se sentirem satisfeitos do que aqueles que o viam.

McGregor e Little, 1998

19

Seja seu próprio fã

Precisamos confiar em nós mesmos com força e constância. Quando sentir desânimo, reconheça-o, mas não se entregue a ele. Procure superá-lo e seguir em frente.

O rapaz foi até o ginásio de sua escola. Um papel afixado na parede listava os jogadores que haviam sido selecionados para integrar o time.

O jovem Michael Jordan, de 15 anos, percorreu a lista de cima a baixo. Não encontrou seu nome. Michael Jordan não havia sido escolhido para o time.

Michael Jordan é considerado, pela maioria dos especialistas, o melhor jogador de basquete de todos os tempos. Mas foi preciso acreditar em si mesmo para chegar lá. Na época em que muitos jogadores de basquete começaram a receber centenas de cartas de técnicos de universidades procurando recrutá-los para seus programas, Michael Jordan não recebeu sequer uma carta, porque não fora escolhido para o time da escola.

Michael Jordan não desistiu. Ele acreditava em si mesmo e em sua capacidade, e treinou com persistência. No ano seguinte foi escolhido para integrar o time. E se tornou sua principal estrela.

Ser seu próprio fã é acreditar em si mesmo e tratar-se como você trataria alguém que amasse e admirasse muito. A rejeição só significa fracasso quando não acreditamos em nós mesmos. Para aqueles que acreditam é apenas um desafio.

A tendência para manter e reforçar a autoconfiança aumenta a satisfação na vida em cerca de 20% tanto para homens quanto para mulheres.

SEYBOLT E WAGNER, 1997

20

Junte-se a um grupo

Quando temos com outras pessoas uma relação baseada no afeto e nos interesses comuns, nós nos sentimos mais felizes. As pessoas que participam de grupos desenvolvem relações pessoais positivas que fazem com que se sintam menos solitárias e mais seguras.

Doris é hoje uma senhora de 86 anos. Há 20 anos, depois que todos os filhos saíram de casa, ela se perguntou como preencheria seu tempo. Encontrou-se um dia com alguém que lhe falou de uma creche numa região pobre da cidade que precisava de ajuda. Doris chamou algumas amigas e com elas formou um grupo para produzir artigos cujo resultado da venda revertesse para a creche. Faz 20 anos que se reúnem todas as semanas. Enquanto trabalham, trocam experiências, receitas, falam dos filhos e netos, apóiam-se mutuamente. Algumas já morreram, novas amigas as substituíram. Sentem-se como se fossem uma grande família, e Doris às vezes reclama de falta de tempo, tantas são suas atividades.

De vez em quando o grupo de amigas visita a creche e fica feliz em constatar que as crianças estão recebendo um bom tratamento graças ao seu alegre esforço.

Pertencer a um grupo faz com que as pessoas se sintam mais próximas umas das outras e aumenta a confiança e a satisfação pessoais em cerca de 7%.

COGHLAN, 1989

Os acontecimentos são temporários

Coisas ruins acontecem, mas em geral seus efeitos em nós não duram para sempre. O tempo realmente cura tudo. Nossas decepções são importantes e sérias, mas a tristeza passa e a vida nos leva por novos caminhos. Dê tempo ao tempo.

☺ ☺ ☺

No dia em que Gloria se separou do marido, depois de um casamento de 27 anos, foi como se o mundo desabasse, perdesse a cor, ficasse opaco e um grande vazio se abrisse diante dela.

Encontrei-a dois anos depois, bonita, cheia de vida, feliz com sua profissão e com dois netos que acabavam de nascer. Perguntei como ela tinha superado a dor do divórcio e ela me respondeu, convicta: "Da melhor maneira possível. Se tivesse sabido como seria, já teria me separado há mais tempo. Recuperei minha auto-estima, minha alegria de viver, minha liberdade."

Tenho me maravilhado ao ver o poder curativo do tempo e a vida avançando e empurrando as pessoas para a frente. Por isso, quando me deparo com alguém que está sofrendo por uma perda qualquer, afirmo convicto: "Pode ter certeza, isso vai passar."

☺ ☺ ☺

Pesquisas realizadas com milhares de americanos mostram que as pessoas felizes não estão imunes a acontecimentos negativos. O que as difere das infelizes é sua capacidade de pensar que aquele momento vai passar e que elas recuperarão a alegria.

BLESS, CLORE, SCHWARZ E GOLISANO, 1996

22

Desligue a televisão

A televisão tem o poder de nos afastar do que há de fundamental em nossas vidas.

☺ ☺ ☺

Quando você vai a um supermercado, você compra alguma coisa em todas as seções? É claro que não. Você vai para as seções onde há algo que quer e passa direto por aquelas onde não há nada de que você precise. Mas, quando se trata da televisão, muitos de nós parecemos consumidores vorazes que não resistem a qualquer oferta. Às segundas-feiras vemos televisão. Às terças vemos televisão. E às quartas vemos televisão. Muitas vezes vemos televisão porque estamos viciados e não porque haja algo que realmente desejemos ver. Quando você estiver na frente da televisão, faça-se a pergunta: "Eu quero mesmo ver isso? Ou poderia estar batendo um papo com amigos, com a família, lendo um bom livro, fazendo uma caminhada?"

Os psicólogos descobriram que algumas pessoas assistem tanta televisão que sua capacidade de conversar chega a ficar prejudicada. Nas palavras de um psicólogo: "A televisão rouba nosso tempo e nunca o devolve."

Não ligue a televisão somente porque ela está lá e isso é o que você costuma fazer. Tire-a da sala, faça da hora da refeição um momento de troca de vida. Ligue-a apenas quando houver algum programa que você realmente queira ver. Você vai aprender a usar suas horas liberadas de formas enriquecedoras, criativas, que lhe darão muito mais prazer e felicidade do que o entorpecimento passivo que a televisão acionada pelo controle remoto pode lhe trazer.

☺ ☺ ☺

As pesquisas mostraram que assistir televisão em excesso pode triplicar a sua ânsia consumista, e cada hora diária de televisão reduz em cerca de 5% sua satisfação pessoal.

Wu, 1998

23

Nunca troque seus princípios por um objetivo

As pessoas que abrem mão daquilo em que acreditam para alcançar um determinado objetivo terminam frustradas com suas realizações. Se você não mantiver seus princípios éticos, não conseguirá alcançar a satisfação.

Há alguns anos, um estudante de Yale foi expulso da universidade. Influenciado por colegas, ele falsificara todos os documentos de sua proposta de admissão: histórico escolar, cartas de recomendação, suas atividades. Sua proposta parecia tão boa que Yale o aceitou. Ele teve ótimo desempenho nos cursos e estava próximo da formatura.

O que aconteceu? Ele simplesmente confessou. Esse aluno era uma pessoa bem-intencionada, proveniente de uma família que procurava viver de acordo com seus princípios. A idéia de ter falsificado os documentos o atormentava a tal ponto que ele preferiu abrir mão do diploma do que obtê-lo com base em uma fraude. O fato de que suas realizações estariam sempre calcadas em uma mentira as transformava em fracasso.

☺ ☺ ☺

Estar feliz e ter um comportamento ético são atitudes que se reforçam mutuamente. Os depoimentos das pessoas que se sentem antiéticas mostram que elas têm chances 50% menores de se sentirem felizes do que aquelas que procuram viver de acordo com seus princípios.

GARRETT, 1996

24

Não finja ignorar as atitudes que incomodam nas pessoas que você ama

Algumas pessoas tentam evitar assuntos que podem provocar conflitos com a intenção de ser agradáveis e não brigar. Mas fazer isso com as pessoas que amamos não contribui para o relacionamento. Primeiro, porque não é preciso brigar. Podemos dizer o que nos incomoda com carinho, no desejo de manter a relação feliz. Se optarmos por silenciar, duas coisas podem acontecer: o ressentimento e a raiva irão se acumulando até desgastar a relação, e não daremos chance ao outro de mudar e de crescer. Fale sobre os aspectos ou atitudes que incomodam, mas faça-o de modo amoroso e construtivo, sem raiva ou agressividade. Afinal, são duas pessoas administrando sua própria felicidade.

☺ ☺ ☺

Mary é cabeleireira. Sua irmã Kim trabalha no mercado financeiro. Mary gosta do seu trabalho e, em geral, não se compara com a irmã. Mas a mãe de Mary apresenta suas filhas aos amigos da seguinte maneira: "Mary é cabeleireira. Mas Kim trabalha num banco importante." Cada vez que ouve isto Mary sente-se arder por dentro. Por que sua mãe precisa falar da profissão das filhas dando a impressão de que está decepcionada com o seu trabalho?

Talvez porque sinta tanta raiva, Mary prefere não falar sobre o assunto com a mãe, para não brigar. Mas sempre que estão juntas, a mãe reclama que Mary é desagradável, fechada, ou "muito deprimida". Ela nunca imaginou que são seus próprios comentários que a deixam assim.

Finalmente Mary resolveu dizer à mãe – da forma mais tranqüila que pôde – como suas palavras a feriam. A mãe ficou surpresa, pois nunca se dera conta do que fazia. Afirmou que tinha orgulho de ambas as filhas pelas pessoas que eram, não pelo trabalho que realizavam. E que a última coisa que desejaria fazer seria magoar as filhas, por quem tinha tanto amor.

☺ ☺ ☺

Nos relacionamentos, as pessoas que conseguem expressar seus sentimentos e necessidades a seus parceiros têm 40% mais chance de se sentirem felizes do que aquelas que não se sentem à vontade para fazê-lo.

FERRONI E TAFFE, 1997

25

Não se culpe

Quando as coisas vão mal, às vezes começamos a nos torturar listando nossos fracassos e acusando-nos pelas falhas. Além de nos fazer sofrer, esse tipo de pensamento pode nos paralisar. A verdade é que qualquer situação é resultado de coisas que estão sob nosso controle e de outras que nos escapam. E que faz parte da condição humana errar e aprender com o erro. Se você se entregar ao sentimento de culpa, perderá até a capacidade de reparar o erro.

☺ ☺ ☺

As visitas estão chegando, e a lavadora de louça está vazando água. A água inunda a cozinha e aproxima-se da sala. Você se pergunta: "Por que eu fui inventar de ligar a máquina agora? Se eu tivesse lavado a louça manualmente, isso não estaria acontecendo. Se eu tivesse esperado para usar a lavadora amanhã, ela não estaria arruinando a minha noite. Bastaria ter um pouco de bom senso. Por que cargas-d'água fui comprar essa lavadora? Aposto que, se eu tivesse comprado outro modelo, minha cozinha não estaria inundada!"

Quando as coisas dão errado procuramos logo um culpado e apontamos um dedo implacável e acusador para nós mesmos. Ao fazer isso, deixamos de perceber duas coisas: que a gente aprende com o erro e que é inútil desperdiçar tempo nos culpando. Em vez de culpar-se, a mulher de nosso exemplo poderia optar por achar graça no desastre produzido, pensar em fazer diferente numa próxima ocasião, respirar fundo algumas vezes e – quem sabe – convocar os amigos para enxugar a cozinha e a sala?

☺ ☺ ☺

> A felicidade não depende do número de coisas ruins que acontecem com alguém. O importante é a maneira de encarar o que acontece: a pessoa que tende a tirar conclusões negativas sobre si mesma quando coisas negativas ocorrem é certamente menos feliz do que as que se tratam com complacência. As pessoas que vêem a si mesmas como causa dos acontecimentos negativos têm uma probabilidade 43% menor de estar satisfeitas do que aquelas que não o fazem.
>
> PANOS, 1997

26

Compre aquilo de que você gosta

Não acumule bens compulsivamente. Por outro lado, não se negue aquilo que você realmente quer ou de que precisa. Se você comprar as coisas que são importantes para você, elas lhe causarão uma satisfação que eliminará a necessidade de encher a casa com tudo o que vir nas lojas.

☺ ☺ ☺

Claudia tinha os armários abarrotados. Não apenas os de seu quarto, com uma quantidade de roupas que ultrapassavam sua capacidade de usá-las, mas os da cozinha, com todo tipo de equipamentos e louças. Comprar era uma verdadeira compulsão, e desfazer-se do supérfluo, uma grande dificuldade. Ao mudar-se para outra cidade, foi morar num apartamento muito menor e se viu obrigada a escolher aquilo de que realmente precisava. Viver com o estritamente necessário parecia uma perda enorme, mas acabou se revelando uma descoberta fantástica: cada peça de roupa passou a adquirir um valor especial e a ser melhor usufruída. Claudia se espantou com a quantidade de equipamentos – muitos enferrujando sem nunca terem sido utilizados – que conseguira acumular. Selecionou dois serviços de jantar que olhou como se os visse pela primeira vez. Fez um bazar para vender o que era novo e distribuiu as roupas usadas. E sentiu um grande alívio, como se um espaço tivesse sido aberto dentro dela para ser preenchido por outros valores.

Muitos de nós acumulamos coisas além do que necessitamos, como se isso pudesse nos satisfazer. Nesses casos, estamos gastando mais, porém obtendo menos, porque não são as coisas que compramos que respondem às necessidades essenciais do ser humano.

Outras pessoas chegam ao extremo oposto, privando-se do que desejam, negando o próprio desejo. Permita-se comprar aquilo que é importante para seu cotidiano e que lhe dá prazer, pois este é um gesto de estima e generosidade com você mesmo.

☺ ☺ ☺

A aquisição de bens de consumo pode contribuir para o bem-estar pessoal. Entretanto, dar excessiva importância aos bens materiais diminui a felicidade.

Oropesa, 1995

27

Faça do seu trabalho uma vocação

Se você encara seu trabalho apenas como um emprego, então ele se torna uma carga que não traz realização ou crescimento. Mas se você o vê como o exercício de uma vocação, ele deixa de ser um sacrifício. Transforma-se numa expressão sua, uma parte importante de sua vida.

Victor é motorista de ônibus. Durante cinco dias da semana ele transporta passageiros num longo percurso. Victor chama a atenção de todos por um aspecto notável e raro: ele adora seu trabalho.

Cada passageiro que entra no ônibus é acolhido com um sorridente "bom-dia!", e, se for um conhecido, Victor pergunta pela saúde e pela família. As mães confiam tanto nele que entregam seus filhos pequenos para que ele os deixe na porta da escola que fica no trajeto. Nenhuma pessoa idosa precisa se afobar ao subir e descer do ônibus: Victor espera pacientemente e, em casos mais difíceis, estende a mão para ajudar.

À medida que o ônibus avança, Victor vai mostrando os lugares mais interessantes e dando informações sobre as ruas e conexões com outros ônibus.

As pessoas afirmam que seu dia é sempre mais feliz quando começa no ônibus dirigido por Victor.

Quando lhe perguntamos por que desempenha seu trabalho com tanto gosto, Victor respondeu: "Acho que é de família: quando eu tinha 5 anos, meu pai, que hoje é um motorista aposentado, um dia me levou para trabalhar com ele. Eu fiquei muito impressionado olhando as pessoas e os prédios pela janela. Naquele dia eu soube que queria ser motorista de ônibus."

☺ ☺ ☺

Em estudos realizados com mulheres, os pesquisadores descobriram que, mesmo entre aquelas que tinham o mesmo tipo de emprego, o trabalho podia ser visto tanto como uma carga pesada e aborrecida quanto como uma experiência positiva através da qual as mulheres se realizavam e adquiriam autonomia. Entre as que viviam seu trabalho como vocação, a felicidade era 28% mais alta do que entre as demais.

THAKAR E MISRA, 1995

28

Você é uma pessoa, não um estereótipo

As pessoas são mais felizes quando permitem que sua personalidade individual aflore, e não quando se adaptam a imagens determinadas pela cultura. Os homens que acreditam que devem ser durões e as mulheres que acham que têm que ser dóceis estão aprisionados por um conjunto de expectativas que não têm nada a ver com aquilo que realmente são.

☺ ☺ ☺

Olhe ao seu redor em um enterro e você verá mulheres chorando e homens com expressões impassíveis. Os homens aprenderam a ser durões, a não revelar suas emoções. Cresceram ouvindo dizer que "homem não chora" e acabaram confundindo dureza com masculinidade. As mulheres aprenderam a ser mais abertas, mais expressivas, a soltar seus sentimentos. O Instituto Nacional de Saúde tem provas de que, tanto com a dor física quanto com a dor emocional, os homens revelam muito menos seu desconforto do que as mulheres.

Entretanto, é importante lembrar que isso são modelos estereotipados que não correspondem à realidade, pois os seres humanos são diversos por natureza.

Um homem que sente vontade de chorar em um funeral mas não se permite fazê-lo porque aprendeu que deve ser durão não está sendo o que é. Está fingindo ser aquilo que acha que os outros esperam que ele seja. Uma mulher que se força a ser expansiva com os outros mas que preferiria ser mais discreta não é uma pessoa melhor por mostrar suas emoções, e não se sentirá mais feliz por ter que agir de um modo que para ela é artificial.

É importante agir da forma que nos é natural, e não do modo como achamos que o homem ou a mulher devem se comportar. As nossas generalizações sobre os homens e as mulheres freqüentemente são falsas e muitas vezes prejudiciais.

Descobriu-se que a adequação de homens e mulheres aos estereótipos de gênero relativos à masculinidade e à feminilidade não traz satisfação na vida.

RAMANAIAH, DETWILER E BYRAVAN, 1995

29

Tenha um objetivo

Sem um objetivo, tudo perde o sentido. Você pode trabalhar 40 horas por semana, arrumar a casa, brincar com os filhos, divertir-se, tomar resoluções para o novo ano. Entretanto, se você não tiver uma razão para estar fazendo tudo isso, nenhuma dessas coisas terá qualquer sentido.

☺ ☺ ☺

Digamos que você é um estudante. Para que estudar para uma prova? Para sair-se bem no curso. E que importância tem sair-se bem no curso? É importante para conseguir um diploma. Mas para que serve um diploma? Para ajudar a obter um bom emprego. É verdade que o emprego só virá daqui a vários anos, mas é ele que alicerça todo o seu esforço. Sem o objetivo final, todos os passos intermediários viram passatempos e perdem o sentido. Para que se dar ao trabalho de fazer todas essas coisas se elas não conduzirem você até algo que deseja? Se não houver um objetivo, é preferível ficar à toa do que estudar para a prova.

É muito mais fácil dedicar-se a qualquer atividade, seja ela para a família ou para o sucesso pessoal, se tomarmos consciência do que queremos. Caso contrário, viramos autômatos que repetem comportamentos sem conhecer a razão. Saber qual é o objetivo que queremos alcançar com determinada atividade nos permite avaliar se estamos avançando em sua direção e nos possibilita mudar de rumo se for necessário.

Em uma pesquisa realizada com estudantes universitários fez-se uma comparação entre os estudantes que gostavam da vida que levavam e de seus estudos e os estudantes que se sentiam insatisfeitos. Constatou-se uma diferença significativa: os estudantes do primeiro grupo tinham consciência do que desejavam da vida, enquanto os outros simplesmente iam tocando.

RAHMAN E KHALEQUE, 1996

30

Você ainda não terminou a melhor parte de sua vida

Dizem que os jovens desperdiçam a juventude. As pessoas que afirmam isso estão aceitando o mito de que só os jovens podem aproveitar a vida plenamente. A verdade é que as pessoas mais velhas não consideram que a juventude tenha sido a melhor época de suas vidas. A maioria aprecia mais a maturidade do que qualquer outra fase da vida.

☺ ☺ ☺

Um grupo de colegas de universidade, que se encontram todos os anos, está reunido 40 anos depois da formatura. Em determinado momento, uma delas resolve perguntar às outras quais foram os mitos que mais atrapalharam suas vidas.

Algumas dizem que foi o mito do casamento perfeito, como nos filmes e contos que terminavam com "e foram felizes para sempre". Outras insistem que o mito da maternidade como uma experiência maravilhosa as fez sofrer quando se depararam com cólicas do bebê no fim da tarde e a sensação de que nunca mais teriam uma noite bem dormida. Mas todas são unânimes em afirmar que o mito da juventude como uma fase privilegiada gerou perplexidade e frustração. Falam de todas as inseguranças e dúvidas, do tempo que levaram para tomar posse de si mesmas e deixar de responder às expectativas externas. Lembram dos chás-de-cadeira nas festas em que nenhum rapaz as tirava para dançar, da tortura do telefone que não tocava, da incerteza ante o futuro.

E se dão conta, extremamente satisfeitas, dos ganhos da maturidade. Há algumas rugas, os cabelos embranqueceram – e foram pintados –, o corpo não tem os mesmos contornos da juventude e alguns limites começam a se manifestar. Mas são pequenas perdas compensadas por extraordinários ganhos. Aprenderam a administrar as crises do casamento e construíram com o marido uma cumplicidade que garantiu uma feliz convivência. Os filhos estão criados, e descobriram a maravilha que são os netos. Constataram que ninguém "é feliz para sempre", mas que a vida é cheia de pequenas e grandes alegrias. Momentos de sofrimento são inevitáveis, mas aprenderam e sabem que a capacidade de superação do ser humano é extraordinária. Sentem-se mais livres, mais capazes de fazer suas próprias escolhas e de usufruir o que está a seu alcance. Nenhuma delas lamenta a juventude perdida, e algumas chegam a afirmar: "Eu não queria voltar de maneira nenhuma aos meus 18 anos!"

Um grupo de pesquisadores realizou um estudo de longo prazo com habitantes do norte da Califórnia, entrevistando-os diversas vezes ao longo de três décadas. Quando lhes perguntavam qual a época mais feliz de suas vidas, oito em cada 10 pessoas respondiam "agora".

FIELD, 1997

31

Dinheiro não traz felicidade

Passamos muito tempo correndo atrás de dinheiro, nos preocupando com dinheiro e contando dinheiro. Talvez seja surpreendente saber que a satisfação com a vida não é mais freqüente entre os ricos.

☺ ☺ ☺

Pense nisto: nos Estados Unidos, jogar na loteria é mais comum do que votar. Todos nós queremos ser ricos. Ou ao menos todos pensamos que queremos ser ricos. Mas é comum verificar que os ganhadores da loteria muitas vezes descobrem, passada a primeira euforia, que o dinheiro não trouxe a felicidade que fantasiavam.

Existe a famosa história de alguém que saiu com a incumbência de trazer para o rei a camisa de um homem feliz. Correu mundo afora, pesquisando, entrevistando, buscando incansavelmente, até que encontrou um pastor que cuidava de seu rebanho no meio de uma paisagem bucólica. Sentado no meio de um campo, contemplando o pôr-do-sol, este homem descreveu sua vida de tal maneira que o enviado do rei concluiu ter encontrado finalmente o homem feliz que procurava. Havia apenas um problema: o homem feliz não usava camisa.

Há nos Estados Unidos um novo movimento dos chamados "minimalistas". São pessoas que decidiram viver com menos dinheiro. Elas compram menos, gastam menos, ganham menos e têm menos coisas. Também passam menos tempo no trabalho e mais tempo com seus amigos e sua família. Os minimalistas chegaram à consciente conclusão de que o dinheiro não podia comprar-lhes a paz e a alegria que desejavam.

Isso não significa que quem é rico não é feliz. Poder satisfazer seus desejos e necessidades é certamente fator de satisfação. Mas de nada vale o dinheiro se os valores fundamentais de amor, compaixão e solidariedade não são atendidos. De nada vale o dinheiro se o nível de exigência é tão alto que não há nada que o preencha. De nada vale o dinheiro se a competição faz com que alguém se compare sempre com quem lhe parece acima. De nada vale o dinheiro se acharmos que são os bens materiais que fazem a felicidade.

Uma pesquisa realizada acerca da satisfação na vida examinou 20 fatores diferentes que podem contribuir para a felicidade. Os cientistas chegaram à conclusão de que 19 fatores examinados eram importantes e um não era. O único fator que não tinha importância era a situação financeira.

HONG E GIANNAKOPOULOS, 1995

32

Não se detenha em conflitos insolúveis

Siga adiante. Gaste sua energia e seu tempo apenas com os problemas que sejam importantes e possíveis de solucionar. Não sendo assim, é melhor seguir adiante para resolver coisas que podem ser mudadas.

☺ ☺ ☺

Na mitologia, Sísifo foi condenado à tarefa interminável de empurrar uma pedra montanha acima. Imediatamente antes de chegar ao topo, ele a deixava cair e a pedra rolava para baixo novamente. Sísifo a empurrava de novo para cima e, quando estava prestes a atingir o topo, ela caía novamente. É claro, aquilo era inútil. Era apenas uma sentença de morte.

Alguns de nós tratamos algumas questões e relacionamentos como se fossem a pedra de Sísifo. Insistimos numa relação que já se revelou doentia e repetimos os recursos esgotados, fechando-nos para outras oportunidades. Persistimos numa profissão, apesar de sentirmos que não temos vocação para ela, só porque nosso pai esperava que o sucedêssemos. Empurramos, empurramos, empurramos e nunca percebemos que é inútil e que estamos desperdiçando um tempo e uma energia que poderiam abrir outros caminhos de felicidade. Mas não somos, como Sísifo, condenados à morte: ninguém, a não ser nós mesmos, nos obriga a empurrar a pedra. Podemos largá-la, é só querer de verdade.

☺ ☺ ☺

Muitas pessoas querem "abraçar o mundo com as pernas", não deixando passar nenhuma oportunidade. Resultado: fazem tudo na correria, pela metade, sem usufruir profundamente nada, e acabam frustradas por não conseguirem o que desejam. Aquelas que resolvem não brigar com o tempo, reconhecendo o fato de ele ser limitado e adequando-se a esta realidade, têm chances 25% maiores de se sentirem bem com elas mesmas.

CAPRONI, 1997

33

Os seus objetivos devem estar alinhados entre si

Os quatro pneus do seu carro precisam estar adequadamente alinhados. Se não for assim, os pneus esquerdos estarão voltados para uma direção diferente daquela dos pneus direitos e o carro não vai funcionar. Os objetivos também são assim. Precisam estar todos voltados para a mesma direção. Se os seus objetivos estiverem em conflito uns com os outros, é possível que a sua vida não funcione.

Jorge Ramos era um profissional bem-sucedido na área do jornalismo televisivo. Ele apresentava um telejornal transmitido para os EUA e para a América Latina cobrindo os principais assuntos políticos. Ele agarrava todas as chances de cobrir guerras – e arriscar sua vida – no Oriente Médio, na América Latina e na Europa.

De acordo com sua própria avaliação, Ramos estava se saindo excepcionalmente bem, tanto profissional quanto economicamente. Ele queria impulsionar ainda mais sua carreira. Ele queria, em suas próprias palavras, "penetrar nas mentes daqueles que dominam o planeta e estar nos lugares em que a História se transforma".

Mas Ramos também sentia muita falta de sua família. Quando olhava uma foto de sua filha chegava a chorar pensando no tempo de afastamento, na distância, nos perigos a que ele havia se exposto e no efeito que isto poderia ter sobre ela.

Ramos finalmente compreendeu que não podia manter ao

mesmo tempo os dois objetivos e precisou fazer uma escolha. Abriu mão do sucesso imediato para poder ficar no lugar mais importante para sua felicidade: a família. A perda doeu bastante, mas o ganho de paz e alegria compensaram o sofrimento.

> Em um estudo de longo prazo, realizado com indivíduos durante mais de uma década, a satisfação apareceu associada à coerência dos objetivos definidos para a vida. Os objetivos relacionados com a carreira, a educação, a família e o lugar de moradia eram importantes e juntos respondiam por cerca de 80% da satisfação. Esses objetivos precisam ser coerentes entre si para produzirem a felicidade que se busca.
>
> Wilson, Henry e Peterson, 1997

34

Não se concentre nas tragédias do mundo, mas em suas esperanças

Muitas coisas tristes acontecem em nosso mundo, mas, em vez de concentrar-se nelas, tenha esperança no futuro. Pense em quantos avanços já houve e no potencial do mundo. Talvez o futuro nos reserve a cura das doenças, o fim da violência, a diminuição da pobreza e da fome. Se você tiver esperança, sentirá estímulo e contribuirá para as mudanças. Se sua perspectiva for pessimista, achará que não adianta fazer nada e perderá o ânimo.

☺ ☺ ☺

 O Conselho de Bandeirantes de San Jacinto queria fazer algo divertido, excitante e que unisse a comunidade. Decidiram tentar criar o maior círculo de amizades do mundo, um círculo de pessoas de mãos dadas celebrando a união entre os seres humanos.
 As bandeirantes convidaram os habitantes da cidade a se juntarem a elas e, em uma manhã de sábado, formaram o círculo. Seis mil e duzentas e quarenta e três pessoas participaram do evento, incluindo o prefeito. O círculo tinha quase dois quilômetros de extensão, com pessoas de mãos dadas, celebrando a mensagem escolhida: "A amizade vence o ódio."
 Essa celebração reforçou a esperança de todos os que a viveram, dando-lhes um novo estímulo para se empenharem em criar um mundo melhor, mais justo, com as mesmas oportunidades para todos.

☺ ☺ ☺

Em média, nove em cada 10 americanos se sentem preocupados com algum aspecto do mundo e da sociedade. O que faz com que essas pessoas sejam mais ou menos felizes é a atitude que assumem ante essa preocupação: as pessoas menos felizes remoem os problemas que vêem, enquanto as mais felizes concentram-se nas possibilidades de melhoras futuras.

GARRETT, 1996

35

Você não tem que vencer sempre

As pessoas ultracompetitivas, que precisam vencer sempre, terminam usufruindo menos das coisas. Quando perdem, ficam muito frustradas, e, quando ganham, era isso o que esperavam, de qualquer modo. Sobretudo não se harmonizam com o ritmo natural da vida, que é feito de ganhos e perdas.

Richard Nixon estava concorrendo à reeleição para a Presidência em 1972. Ele orientou sua equipe a tomar todas as medidas disponíveis para conquistar tantos votos quanto possível. Dentre essas medidas, a mais famosa foi a invasão aos escritórios do Partido Democrático no Edifício Watergate para plantar aparelhos de escuta. Isso além de uma série interminável daquilo que o próprio Nixon batizou de "truques sujos". Seus funcionários pediam 100 pizzas para serem entregues no escritório de um candidato de oposição. Distribuíam panfletos falsos comunicando que o comício de um oponente havia sido cancelado. Ligavam para centros de convenções e cancelavam as reservas feitas por oponentes para seus eventos. Por que isso acontecia? Porque Nixon estava obcecado por vencer — a qualquer preço.

A maior ironia dessa história é que Nixon estava vencendo, de qualquer modo, e não precisava de nenhum desses truques. Mas sua incapacidade de lidar com a possibilidade de perder o fazia adotar essas táticas extremas, que acabaram lhe custando o prêmio que ele almejava tão desesperadamente.

Mas nem é preciso recorrer a recursos escusos para garantir a vitória. As pessoas que querem vencer sempre não se dão conta de que a vida é feita de altos e baixos, de alternâncias. Quem não souber disso e vincular sua felicidade às vitórias constantes seguramente vai sentir-se infeliz.

> A competitividade pode impedir a satisfação na vida, porque nenhuma realização será suficiente, e os fracassos tornam-se especialmente devastadores. Como as pessoas ultracompetitivas têm um altíssimo nível de exigência, elas não se alegram tanto com seus sucessos, mas se desesperam com os fracassos.
>
> THURMAN, 1981

36

Deixe que seus objetivos sejam o seu guia

Depois de escolher objetivos razoáveis, significativos e compatíveis entre si, persiga-os com todo o seu coração.

Você está na cozinha e deseja fazer um bolo bem gostoso para os netos que vão chegar. Imagine-se passando horas pegando todos os produtos que estão no armário e toda a comida da geladeira, despejando-os em uma tigela gigantesca, misturando-os, assando-os e em seguida servindo o resultado à mesa. Não há dúvida de que, mesmo que se esforçasse muito e gastasse muito, você acabaria fazendo uma gororoba impossível de ser comida.

Se, em vez disso, você seguisse uma receita cuidadosamente, fosse ao supermercado comprar exatamente o necessário, usasse a quantidade certa dos ingredientes certos e os preparasse conforme as instruções, em pouco tempo a casa ficaria perfumada por seu bolo e seus netos felicíssimos.

A vida funciona da mesma maneira. Quando se quer atingir um objetivo – seja um bolo, a organização da festa de Natal, o sucesso no trabalho ou nos relacionamentos – não se pode ir pegando tudo o que aparecer pela frente desorganizadamente. É preciso planejamento e paciência para seguir as instruções.

Em entrevistas durante um longo período de tempo com um grupo de advogados observou-se uma transição nítida à medida que a família ia assumindo uma importância maior do que a carreira. Aqueles que reconheciam a mudança e reorganizavam suas prioridades de acordo com ela expressaram uma satisfação na vida 29% superior à dos que simplesmente se deixaram levar pelos acontecimentos.

ADAMS, 1983

37

Tenha expectativas realistas

As pessoas felizes não conseguem tudo o que querem, mas querem a maior parte do que conseguem. Em outras palavras, viram o jogo a seu favor, decidindo dar valor às coisas que estão ao seu alcance.

As pessoas insatisfeitas com a vida muitas vezes determinam metas inatingíveis para si mesmas, programando-se assim para um fracasso inevitável. É importante também saber que as pessoas que definem metas ambiciosas e as alcançam não são mais felizes do que aquelas que definem e alcançam objetivos mais modestos.

Para saber o que você quer e do que é capaz, é necessário se conhecer bem e entrar em contato com seu próprio desejo, em vez de estar sempre respondendo às expectativas dos outros. Não é uma tarefa fácil quando vivemos numa cultura que identifica felicidade com sucesso em todos os campos. Cuidado para não cair na armadilha que começa a ser armada – com a melhor das intenções – por nossos pais desde o nosso nascimento.

Quando você estiver avaliando sua posição no trabalho ou seu relacionamento com sua família, não comece com imagens fantasiosas, almejando posições de destaque ou harmonia absoluta. Primeiro, porque o importante na vida profissional é dar o melhor rendimento possível de sua capacidade. Segundo, porque harmonia absoluta não existe, pois os conflitos, crises e ambigüidades fazem parte da natureza humana. Mantenha um pé na realidade e lute para melhorar as coisas, e não para torná-las perfeitas. Não existe perfeição. As coisas serão o que puderem ser a partir de nossos esforços.

☺ ☺ ☺

Era uma grande festa em homenagem ao diretor de uma escola na Pensilvânia, que se aposentava após 30 anos de trabalho. As pessoas comentavam entusiasticamente sua maravilhosa contribuição para a educação de milhares de crianças. Ao fim da noite, ele disse a um amigo: "Quando tinha 23 anos, eu achava que acabaria como presidente dos Estados Unidos."
Ali estava um homem extremamente respeitado que havia se dedicado à vocação essencial da educação e que havia ascendido na carreira até o cargo de diretor de uma escola. E, em vez de celebrar suas realizações, ele lamentava sua derrota. Era um homem extremamente bem-sucedido, que trouxera uma importante contribuição para a sociedade, mas, em comparação com suas metas imensas e inatingíveis, ele não conseguia usufruir seu sucesso.

☺ ☺ ☺

A harmonia entre os objetivos de uma pessoa e a sua capacidade é uma garantia de felicidade. Em outras palavras, quanto mais realistas e possíveis forem os nossos objetivos, maior probabilidade teremos de nos sentirmos bem com nós mesmos. As pessoas que chegam à conclusão de que seus objetivos estão fora do alcance têm menos de 10% de chance de estar satisfeitas com a vida.

DIENER E FUJITA, 1995

38

Não se esqueça de se divertir

Reserve, todos os dias, algum tempo para se divertir, para dizer bobagens, para rir.

Observe as crianças correndo em um playground e você logo se verá pensando: "Como elas se divertem!" Por que elas estão se divertindo tanto? Uma pergunta melhor seria: "Por que você não está se divertindo mais?" As crianças correm e brincam como por instinto. Elas não se perguntam se deveriam se divertir, elas simplesmente seguem seu impulso e se divertem. À medida que vamos crescendo, vamos nos tornando mais sérios, reprimindo nossos desejos lúdicos, confundindo maturidade com sisudez.

Convide um de seus amigos para fazer algo divertido e é possível que ouça dele: "Eu não tenho tempo para isso", ou "Vou ficar ridículo". Imagine se uma criança que é convidada para ir ao zoológico, ou para tomar um banho de chuva, vai responder: "Eu ligo pra você depois, estou muito ocupada agora, além do mais o que vão dizer de mim?" Às vezes as crianças são mais sábias do que nós. Divertir-se mais, bater papo e dar risada, reservar algum tempo para coisas que poderiam ser consideradas bobagens, mas nos dão alegria, é essencial para a felicidade.

Divertir-se regularmente é um dos cinco fatores centrais para uma vida satisfeita. Os indivíduos que dedicam algum tempo a se divertir têm chances 20% maiores de ficarem felizes em sua vida diária e 36% maiores de se sentirem bem com sua idade e com a etapa que estão vivendo.

Lepper, 1996

39

Escolha suas comparações com sabedoria

Comparar-se com os outros é inevitável, até porque nossa cultura estimula a comparação desde que nascemos: é mais gordo ou mais magro, maior ou menor, mama mais ou menos, falou e andou antes ou depois do primo, do irmão, do vizinho, do filho da amiga? O ideal seria não nos compararmos e tratarmos de usufruir a vida dentro de nossas possibilidades.

Muitos dos nossos sentimentos de satisfação ou insatisfação vêm do fato de nos compararmos com as outras pessoas. Quando nos comparamos com aqueles que têm mais, nós nos sentimos diminuídos. Quando nos comparamos com quem tem menos, somos mais capazes de valorizar o que possuímos. Muito embora a vida seja exatamente a mesma nos dois casos, os nossos sentimentos sobre ela podem variar enormemente, dependendo da pessoa com quem nos comparamos. Compare-se com as pessoas que você admire não tanto pelo que têm, mas pelo que são.

Escolha sobretudo aquelas que fazem você se sentir bem com o que é e com aquilo que tem.

☺ ☺ ☺

Joe é o mais velho de seis irmãos. As idades variam de 21 a 42 anos. A família nunca teve muito dinheiro, e os irmãos mais velhos foram criados de forma modesta. Quando terminaram o ensino médio, Joe e seus dois irmãos mais velhos logo procuraram um trabalho. Entretanto, quando os três mais jovens terminaram o ensino médio, foram para a universidade.

Os mais velhos sentem que não tiveram a mesma oportunidade. Se se compararem com seus irmãos mais novos, Joe e seus dois irmãos talvez sintam decepção e ciúme. Mas se eles se compararem a muitos de seus amigos – homens da mesma idade e com oportunidades semelhantes às deles –, verão que têm mais do que muitos deles em termos de realização profissional e familiar.

Joe tem consciência de que privar seus irmãos mais jovens da oportunidade de estudar não traria nenhuma vantagem para ele. Mas isso não impede que se sinta mal quando se compara a eles. A solução, então, é não se comparar. É procurar olhar para o progresso dos irmãos mais moços como fruto também do esforço dos mais velhos, um esforço que os fez crescer e progredir de outra forma. É tomar consciência de que as circunstâncias em que se desenvolveram foram completamente diferentes e, portanto, não houve injustiça e preferência. Em vez de ficarem decepcionados fazendo essa comparação, Joe e seus dois irmãos podem se sentir bem tanto em relação aos irmãos mais novos quanto em relação a si mesmos. Basta que aprendam a valorizar o que construíram a partir do que a vida lhes ofereceu. Se quiserem se comparar a outros, escolham aqueles que, partindo do mesmo ponto, não conseguiram as mesmas realizações.

☺ ☺ ☺

Um grupo de estudantes recebeu um jogo de palavras cruzadas para resolver. Os pesquisadores compararam a satisfação daqueles que o resolveram rapidamente e daqueles que o fizeram mais vagarosamente. Os que terminaram com razoável rapidez, mas se compararam com os mais rápidos de todos, ficaram insatisfeitos consigo mesmos. Os que gastaram mais tempo resolvendo as palavras cruzadas, mas se compararam com os mais lentos, ficaram satisfeitos consigo mesmos e tenderam a ignorar os resultados dos mais rápidos.

LYUBOMIRSKY E ROSS, 1997

40

Seja responsável

Termine o que começar. Preocupe-se com o que estiver fazendo e faça-o bem-feito. Embora ser responsável exija mais do que ser relaxado, nós nos sentimos melhor com nós mesmos quando fazemos um bom trabalho.

☺ ☺ ☺

No sudoeste da Flórida, os engenheiros haviam projetado uma das maiores pontes do estado. A ponte era tão grande que tiveram que construí-la partindo simultaneamente das duas margens e encaminhando-se para o centro. O problema é que, quando chegaram ao meio, os dois lados não se encaixavam. Havia uma diferença de 60 centímetros. Milhões e milhões de dólares e milhares e milhares de horas de trabalho foram desperdiçados. Você sabe o que eles fizeram? Construíram outra ponte.

É um velho ditado, ainda atual. A pressa é inimiga da perfeição.

☺ ☺ ☺

Pesquisas feitas com adultos revelam que a tendência a ser disciplinado, persistente e consciencioso exerce um efeito positivo sobre a felicidade de 18%.

FURNHAM E CHENG, 1997

41

Arranje um passatempo

Os passatempos são uma fonte constante de interesse, fornecendo dois ingredientes essenciais para a vida: estabilidade e diversão.

☺ ☺ ☺

Elsa coleciona livros antigos. Ela tem todo tipo de livros arrumados nas estantes de sua casa, alguns clássicos, algumas primeiras edições raras e outros cujas páginas ela simplesmente gosta de folhear. Para Elsa, colecionar livros é uma fonte de entretenimento e uma maneira de estabelecer relações com as pessoas mais diferentes em todo o mundo, pois ela se comunica também por correio eletrônico. Cada cidade que Elsa visita é um espaço potencial de aventuras, pois ela vai às lojas de antigüidades e aos sebos buscando livros para sua coleção. O que a coleção de livros significa para Elsa? "Ela me põe em contato com a História, com outras pessoas com quem me encontro para trocar livros e, mais importante do que tudo: tenho um gosto enorme de viver cercada de livros."

Em pesquisas realizadas com milhares de adultos, descobriu-se que aqueles que possuem um passatempo têm chances 6% maiores de avaliar suas vidas de modo favorável.

MOOKHERJEE, 1997

42

A amizade é mais importante do que o dinheiro

Se você quiser saber se uma pessoa é feliz, não pergunte a ela quanto dinheiro tem no banco. Não pergunte qual é seu salário líquido. Pergunte sobre seus amigos.

Dois consultores financeiros trabalhavam juntos há mais de 10 anos quando o mercado entrou em crise. Eles lutaram o quanto puderam, mas acabaram perdendo tudo o que tinham. Na hora de recolher os pedaços, os conflitos e acusações foram tantos que, com o dinheiro perdido, foi-se a amizade.

Depois de passarem mais de um ano sem se falar, encontraram-se para almoçar. Ambos admitiram que haviam vivido uma enorme perda. E não era o dinheiro, era a amizade. Um disse: "O dinheiro é como uma luva. A amizade é como a mão. Um é útil, o outro é essencial." Foi preciso passarem pelas duas perdas para descobrirem isso.

☺ ☺ ☺

> Os pesquisadores identificaram os fatores essenciais para uma vida feliz. Os componentes básicos são o número de amigos, a proximidade dos amigos, a proximidade da família e as relações com os colegas e vizinhos. Juntos, esses fatores respondem por cerca de 70% da felicidade pessoal. Nem riqueza nem fama entram nessa lista de fatores essenciais.
>
> MURRAY E PEACOCK, 1996

43

Invejar os relacionamentos das outras pessoas é inútil

As pessoas que têm muitos amigos às vezes invejam aqueles que são mais ligados à família. Em contrapartida, as pessoas cujo relacionamento é predominantemente com a família invejam aqueles que vivem cercados de amigos. O segredo para uma satisfação constante na vida está em usufruir o que se tem, em vez de tentar copiar os outros. A inveja não é necessariamente negativa: ela pode ser um estímulo para se obter algo que se deseja. Mas o fundamental é alegrar-se com o que você possui sem deixar que as comparações com o que é dos outros diminuam seu prazer.

☺ ☺ ☺

Há alguns anos, um grupo de filósofos e historiadores reuniu-se para estudar as vantagens da vida familiar dois séculos atrás. Sua preocupação era a instabilidade das relações familiares modernas e o medo generalizado de que nossa sociedade esteja sofrendo da falta dos laços familiares tradicionais. Os estudiosos se perguntavam se a unidade familiar agrária – um vínculo estável entre mãe e pai e um número grande de filhos – era o modelo ideal para os seres humanos e se algumas das lições do passado ainda seriam úteis hoje.

Eis sua surpreendente conclusão: hoje invejamos a coesão e estabilidade da família tradicional, imaginando que elas garantiam a felicidade de seus membros. Mas constatou-se que, há 200 anos, os membros da família tradicional freqüentemente sentiam sua individualidade sufocada pelo grupo familiar – sentiam-se como se não fossem vistos como uma pessoa plena, mas apenas como uma peça na engrenagem familiar.

A ironia dessa situação chamou a atenção dos pesquisadores. Quantas vezes fantasiamos relações ideais entre os outros, achando que só nós temos problemas e conflitos. Mas não há relação perfeita, o que há são pessoas que mistificam seus relacionamentos, querendo dar a impressão de que vivem uma situação ideal. A felicidade consiste em aproveitar os relacionamentos que temos, sem forçá-los a alcançar um padrão artificial ou compará-los com a vida e os amores de outras pessoas.

Em uma pesquisa realizada com mais de 8 mil adultos, os pesquisadores examinaram mais de 100 fatores que contribuem para a felicidade. Entre os fatores de maior efeito negativo estava o fracasso nos relacionamentos causados por comparações, o que reduzia a felicidade em 26%.

Li, Young, Wei, Zhang, Zheng, Xiao, Wang e Chen, 1998

44

Acredite em você

Nunca se dê por vencido. Se você não acreditar em si mesmo, nada vai dar certo.

Steve Blass era um grande jogador de beisebol. Na verdade, era um dos melhores. Para surpresa de todos, repentinamente ele se desligou do time. Ele se machucou? Não. Alguma coisa mudou?

Uma coisa mudou: Steve Blass perdeu a confiança em si mesmo. Ele começou a pensar em todas as coisas que podiam dar errado e logo elas começaram a dar errado mesmo. Ele não acreditava mais que pudesse jogar, e num piscar de olhos não podia mais realmente.

A capacidade de fazer qualquer coisa precisa ser acompanhada pela crença de que somos capazes de fazê-lo. Tão importante quanto aprender a fazer é aprender que você pode fazer. Não se trata de arrogância ou pretensão, mas de uma atitude positiva e de crença no seu poder de realização. Você não precisa ser um astro do beisebol ou um grande concertista, mas precisa acreditar que pode jogar bem um esporte ou tocar um instrumento musical que lhe dê prazer. Não deixe que experiências de desvalorização na infância ou julgamentos dos outros a seu respeito influenciem sua confiança em si mesmo.

Em todas as idades e em todos os grupos, uma sólida crença nas próprias capacidades aumenta a satisfação em cerca de 30% e nos torna mais felizes tanto na vida familiar como na profissional.

MYERS E DIENER, 1995

45

Não acredite demais em você

Acreditar excessivamente em si mesmo também pode significar arrogância e pretensão: você se acha incapaz de cometer qualquer erro. Não pense que só porque você é uma pessoa talentosa não tem nada a aprender com os outros e não deveria nunca ser criticado.

Há algum tempo, um sujeito muito rico e inteligente concorreu a governador de um estado. Ele só tinha um grande defeito: excesso de auto-suficiência. Não gostava de receber instruções de ninguém, detestava ser criticado e investia ao máximo para ser admirado. É verdade que vencera por seu próprio esforço e competência, mas isso o levara a achar que ninguém tinha nada de útil para lhe ensinar porque ele já sabia tudo o que era necessário.

Por causa dessa atitude, duas coisas aconteceram. As pessoas mais próximas começaram a afastar-se, achando-o cheio de si, desagradável e grosseiro quando reagia às críticas mesmo construtivas e pouco digno de confiança. Mas a derrota veio mesmo junto ao grande público: por excesso de pretensão, achou que não precisava assessorar-se para um debate na TV. Ante uma pergunta importante sobre o orçamento do estado, ele se atrapalhou e não soube responder com precisão. Esse episódio fez com que as pessoas achassem que sua imagem pomposa era apenas um disfarce destinado a ocultar sua incompetência. Esse homem não conseguiu se eleger governador, senador ou qualquer outra coisa a que se candidatou.

Em pesquisas realizadas com casais descobriu-se uma relação significativa entre a pretensão ou arrogância de um dos parceiros e os problemas no relacionamento. Quando um dos parceiros está convencido de que tem razão, e por isso fica fechado a sugestões ou críticas do outro, a duração das crises é cerca de três vezes maior.

BOTWIN, BUSS E SHACKELFORD, 1997

46

Tome um tempo para se adaptar às mudanças

Não espere sentir-se imediatamente à vontade depois de uma mudança ou em uma nova situação. É necessário um certo tempo para ajustar-se. Se você aprender a ter paciência nesse processo de adaptação, as mudanças que fizer no futuro serão bem mais fáceis.

Jill é uma professora veterana muito respeitada que trabalha com alunos da oitava série há mais de 20 anos. O trabalho dos professores tem uma característica especial: eles começam de novo a cada ano, cercados por um grupo de personagens inteiramente novos. Embora Jill seja experiente e adore ensinar, todos os anos ela passava na noite anterior ao primeiro dia de aula por um ritual já seu conhecido. Ela se agitava e virava de um lado para o outro, preocupada, com dificuldade para dormir.

Jill reconhece que qualquer mudança envolve ansiedade e exige um certo tempo para adaptar-se à nova situação. Mas sabe também, pela experiência de tantos anos, que o ser humano tem uma facilidade muito maior do que imagina de conviver com a mudança. Ela sabe que, em poucos dias, estará familiarizada com as 25 caras novas e que, em breve, terá estabelecido laços de afeto com a turma, por mais diferente que seja do grupo do ano anterior.

Novos empregos, novas casas, novas cidades, novos relacionamentos são ocasiões de mudança que, inevitavelmente, gerarão tensão e ansiedade. É natural e passará mais rapidamente se tivermos consciência disso e soubermos administrar melhor essa aflição.

☺ ☺ ☺

Em uma pesquisa realizada com casais recém-casados, aqueles que reconheciam as dificuldades de adaptar-se à sua nova situação sentiam-se uma vez e meia mais à vontade um com o outro e com o casamento do que aqueles que tentavam negar a dificuldade de lidar com a mudança.

Monteiro, 1991

47

Use o seu trabalho de modo positivo

Quando gostamos do que fazemos profissionalmente, o trabalho nos dá uma identidade e um sentido e apreciamos mais o que a vida nos oferece fora do local de trabalho. Usufrua o que seu trabalho lhe dá e você se tornará capaz de apreciar aquilo que realmente importa.

☺ ☺ ☺

O Wisconsin tem um novo programa que tenta arranjar colocações para todas as pessoas desempregadas do estado. Você sabe o que as pessoas que conseguem trabalho mais apreciam ao se verem empregadas? Não é o dinheiro. É o auto-respeito. Elas vêem seu trabalho como uma chance de demonstrar sua responsabilidade, sua capacidade, sua confiança, e descobrem que trabalhar reforça a própria imagem para os outros e para si mesmas. Use seu emprego, seja ele qual for, não como um castigo ou algo que você faz automaticamente, mas como uma oportunidade para mostrar – também para você – o que pode fazer. Mesmo que o trabalho não seja o mais satisfatório, essa atitude favorecerá seu crescimento e preparará você para outra oportunidade melhor de emprego.

Uma pesquisa realizada com mais de 1.500 mães mostrou que trabalhar fora de casa aumentava a satisfação na vida em 5% e contribuía para um sentimento de igualdade na família.

ROGERS, 1996

48

Se você não tiver certeza, escolha a opção mais positiva

Diante de situações de incerteza, as pessoas infelizes chegam a conclusões negativas. Por exemplo, se não sabem ao certo por que alguém está sendo gentil, assumem que é por algum interesse egoísta disfarçado. As pessoas felizes, diante da mesma situação, escolhem a alternativa positiva, isto é, que a pessoa é realmente gentil e gosta delas.

Henry é um homem de 70 anos que sempre tinha algo gentil a dizer a seus vizinhos. Ele vivia modestamente no Arkansas, em uma pequena casa, na qual o único aquecimento provinha de um forno a lenha. Ao longo dos anos, Henry viu sua casa deteriorar-se lentamente, mas não tinha recursos para reformá-la. Um vizinho organizou um grupo para reconstruir a casa de Henry, colocando encanamento e aquecimento modernos. Henry ficou dividido ante esse gesto. Por um lado, perguntava-se por que essas pessoas estavam se interessando tanto por ele. O que estariam ganhando com isso? Será que se sentiam incomodadas com o aspecto de sua casa? Por outro, intuía que o que os vizinhos faziam era em retribuição à gentileza com que ele os tratara durante toda a vida.

Quando a nossa tendência é encarar um gesto generoso de forma negativa – como puro interesse egoísta ou forma de nos enganar –, vamos nos tornando frios, críticos e cínicos. E ficamos sem saída, porque uma pessoa a quem vemos negativamente não pode fazer nada para melhorar nossa impressão a seu respeito.

Isso não significa que sejamos ingênuos ou nos deixemos enganar com facilidade. É preciso ficar atentos, mas é necessário também que a nossa primeira reação – até prova em contrário – seja de alegria e reconhecimento.

Eis a conclusão final de Henry: "São apenas boas pessoas fazendo uma coisa boa, e eu sou grato a elas por isso."

As pessoas felizes e as pessoas infelizes olham e explicam o mundo de maneiras diferentes. Quando uma pessoa infeliz precisa interpretar o mundo, em oito a cada 10 vezes ela verá o lado negativo de um acontecimento ou de um gesto. Quando uma pessoa feliz precisa interpretar o mundo, em oito a cada 10 vezes ela verá o lado positivo.

BREBNER, 1995

49

Compreenda que a satisfação completa não existe

Se você acha que é possível ter uma vida perfeita, viverá em eterna frustração. Altos e baixos, alegria e tristeza, entusiasmo e decepção são partes integrantes da existência. Além disso, a satisfação completa não existe, porque tudo na vida pode ser melhorado. Aqueles que aceitam essa realidade conseguem apreciar o que têm. Aqueles que não a aceitam nunca conseguem apreciar o que têm, mesmo quando as circunstâncias melhoram. Lute sempre para melhorar e alegre-se com as suas conquistas. Não busque a perfeição, porque não é possível alcançá-la.

☺ ☺ ☺

Quando perguntam a uma amiga minha "Tudo bem?", ela invariavelmente responde: "Tudo não, mas, tirando a média, até que vamos muito bem." E ela explica: foi tão massacrada com a exigência de perfeição e com a impressão que alguns lhe transmitiam de levar uma vida perfeita – o que tornava a sua uma experiência frustrada – que faz questão, mesmo numa pergunta-padrão como "Tudo bem?", de mostrar que "tudo", "nada", "sempre", "nunca" não existem. O que existe é a média resultante das muitas e variadas experiências e sentimentos vividos.

Quem almeja a perfeição só valoriza resultados, ignora a importância dos processos. Uma cantora famosa descrevia o caminho percorrido até o sucesso: um trabalho árduo, diário, em que às vezes, por longos períodos, não parecia haver o menor progresso no alcance da voz. E de repente, subitamente, aparecia, ainda que de forma sutil, o resultado do esforço. Foi assim, lentamente, com um investimento constante, que ela atingiu a excelência de seu desempenho. Mas sempre consciente de que, para mantê-lo, era preciso continuar investindo e havia sempre como melhorar. Ela dava este depoimento: "Se eu não tivesse valorizado o processo e me alegrado com cada pequeno passo, provavelmente teria desistido."

☺ ☺ ☺

As pessoas que acreditam que não alcançarão seus objetivos são infelizes, mas aquelas que acreditam que alcançarão exatamente o que querem também o são. As pessoas mais felizes acreditam que atingirão alguns de seus objetivos e que terão satisfação em vários aspectos da vida.

CHEN, 1996

50

Cerque-se de perfumes agradáveis

Aqui está uma maneira simples de sentir-se melhor. Mantenha sua casa bem arejada, compre algumas flores perfumadas e use todos os recursos disponíveis para fazer com que seu ambiente tenha um cheiro gostoso. Você sentirá os efeitos.

☺ ☺ ☺

Há 500 anos, os soldados europeus usavam especiarias perfumadas para distrair os feridos da dor que sentiam. Hoje, os médicos vêm fazendo experiências com a aromaterapia nos hospitais, usando perfumes para confortar os convalescentes.

Os cheiros ruins são elementos insidiosos. Eles entram em nossas vidas e permanecem, porque, se você conviver com eles durante muito tempo, começa a não mais notá-los. Mas o fato de habituar-se com qualquer coisa negativa – mau cheiro, ruídos estridentes, uma pessoa arrogante – não significa que ela não nos prejudique. Um velho carpete mofado, o cheiro de animais ou qualquer outra fonte de odores desagradáveis são realmente uma agressão aos sentidos.

Os cheiros bons, por sua vez, tal como os soldados sabiam no século XV e os médicos estão hoje redescobrindo, despertam os sentidos e o cérebro, e em um nível subconsciente nos fazem lembrar de coisas boas, produzindo um nível de intensa satisfação e bem-estar.

Nossos sentidos funcionam todo o tempo, oferecendo-nos sinais importantes a respeito de nosso meio ambiente. Os cheiros agradáveis evocam surpresas e felicidade para mais de oito em cada 10 pessoas, enquanto os odores desagradáveis provocam reações de nojo e infelicidade.

ALAOUI-ISMAIELI, ROBIN, RADA, DITTMAR E VERNET-MAURY, 1997

51

A idade não é algo a se temer

As pessoas mais velhas podem ser tão felizes quanto as mais jovens. Embora a idade traga consigo limitações às quais os idosos têm que se adaptar, traz também uma maturidade e sabedoria que garantem maior paz e serena satisfação.

☺ ☺ ☺

O Sr. Nelson é uma figura conhecida no bairro onde mora. Ele sempre é visto cuidando de seu jardim ou dando seu passeio diário de bicicleta. Ele parece ser amigo de todos e tem sempre uma história divertida para contar. O Sr. Nelson tem 90 anos.

Longe de lamentar sua idade, ele usufrui o que ela lhe traz. Entrevistado por uma turma de universitários, ele falou dos ganhos que a idade lhe trouxe. Do companheirismo e cumplicidade que desenvolveu com sua esposa quando descobriu que isso, e não as grandes paixões, é que faz a felicidade em um relacionamento. Do tempo e calma de que dispõe para ler os livros que o esperaram durante anos, ouvir as músicas que mais o encantaram, ver as árvores florirem e assistir todos os dias ao pôr-do-sol. De ter podido conviver com os netos, vendo-os crescer com uma tranqüilidade que não conheceu com os próprios filhos, de ter aprendido a se conhecer melhor e a fazer suas escolhas com mais liberdade.

Diversas pesquisas e a análise de estudos já realizados mostram que a idade não tem qualquer relação com os níveis de felicidade pessoal.

KEHN, 1995

52

Cultive suas lembranças

Pense nos momentos felizes que você, sua família e seus amigos passaram juntos. Recordar a felicidade do passado tem o poder de trazer felicidade ao presente.

Steven chegou aos Estados Unidos quando tinha 14 anos. Viera em um navio, sozinho, para um novo país onde não conhecia ninguém, mas conseguira logo trabalhar como freelance para o prefeito de uma pequena cidade americana, onde se casou e criou seus filhos. Steven contava a seus netos inúmeras histórias sobre sua viagem e seus primeiros anos nos Estados Unidos, e eles o ouviam deliciados. Era uma dupla felicidade: a de rememorar momentos agradáveis e a de ver o encantamento que suas lembranças produziam nos netos.

Steven adora repetir a história de um quadro que ele e sua noiva compraram antes de casar. Desejavam extremamente esse quadro, mas seus recursos estavam muito aquém do preço. Decidiram ir à casa do pintor tentar sua chance. O artista se enterneceu com o jovem casal e, depois de muita conversa, propôs um negócio: o quadro em troca das estantes que Steven, que era marceneiro, havia feito com o maior capricho. Saíram da casa do pintor já tarde, sob um céu estrelado, levando o quadro, no mais puro êxtase. Anos mais tarde dificuldades financeiras os obrigaram a vender o quadro. Os olhos de Steven e de sua esposa brilham quando ele recorda: "No dia em que o vendemos, descobrimos que a alegria fundamental tinha sido vivida no momento em que saímos da casa do pintor com o quadro. Este se foi, mas a alegria estará sempre conosco e é revivida cada vez que nos lembramos da história."

☺ ☺ ☺

Quando as pessoas conscientemente escolhem pensar no passado, mais de 80% tendem a concentrar-se em lembranças muito positivas que as fazem felizes.

HOGSTEL E CURRY, 1995

53

Preste atenção. Talvez você já tenha o que deseja

Nós nos esquecemos muitas vezes de parar e pensar onde começamos e onde estamos agora. A tendência humana é sempre querer mais. Por isso é tão importante nos darmos conta do que temos e do que conseguimos alcançar durante a vida.

☺ ☺ ☺

Arthur era um executivo bem-sucedido da área de publicidade. Depois de três promoções em cinco anos, ele agora cumpria uma jornada de trabalho mais longa do que nunca. Estava cada vez mais próximo do topo e quase podia sentir o gostinho do poder.

Semanas de seis dias com muitas horas extras não bastavam, e ele começou a levar trabalho para casa.

Quando acordou no hospital após uma cirurgia para a instalação de três pontes de safena, começou a fazer uma reavaliação de sua vida. Durante as três semanas de convalescença, sua família e seus amigos mais próximos passaram mais tempo com ele do que haviam passado em décadas. Ele gostou disso.

A esposa de Arthur conversou muito com ele, perguntando se ele realmente era obrigado a trabalhar tanto. Eles precisavam de mais dinheiro? Era tão fundamental assim conseguir outra promoção? Arthur, desafiado a pensar realmente sobre sua vida – algo que nunca fizera quando estava absorvido pelo trabalho –, percebeu que tinha mais do que precisava, que a oportunidade de reaproximar-se de sua família era o maior presente que poderia receber e que, nesse sentido, a doença fora, por assim dizer, uma dádiva.

> Em pesquisas realizadas com profissionais de nível superior, quase a metade dos entrevistados não se sentia satisfeita, mesmo quando alcançavam seus objetivos aparentes, porque, em vez de reconhecerem suas realizações, sentiam-se inseguros e criavam uma imagem negativa irracional deles mesmos.
>
> THURMAN, 1981

54

Descubra o que deixa você feliz ou triste

Quando estamos infelizes sem saber o motivo, nós nos sentimos muito pior. Se isso acontecer, pense com calma nos seus sentimentos e emoções e no que pode ter provocado seu estado de espírito. Você vai ver como se sentirá melhor sabendo a causa e a forma de mudá-la.

Sempre que o Natal se aproximava, Peter era acometido de uma tristeza profunda e inexplicável, que contrastava com a alegria que o cercava e que esperavam dele. Aquilo incomodava Peter, pois ele tinha consciência de que sua vida era cheia de motivos de felicidade: uma mulher companheira, filhos amorosos, uma carreira bem-sucedida. Chegou a pensar que era a imposição de euforia que vinha com o Natal e a febre de consumo determinada pelo comércio que o incomodavam. Mas sabia que não, pois o sentimento era muito profundo, e mesmo a tentativa de escapar dos festejos natalinos, viajando, não tinha conseguido eliminar a tristeza.

Um dia, conversando com sua mulher, ele repetiu uma história que lhe contara no início de seu relacionamento: o Natal de sua infância tinha sido sempre um momento de divisão e melancolia. Como seus pais eram divorciados, nas noites de Natal ele era obrigado a deixar o ambiente festivo e caloroso da casa da mãe para fazer companhia ao pai – um homem solitário e depressivo, que o intimidava. De repente, ele se deu conta do que acontecia: na época de Natal, o menino que sobrevivia dentro dele voltava a sofrer, como se o acontecimento da infância fosse se reproduzir. Agora era um adulto que estabelecera com seus filhos uma relação próxima e amorosa da qual podia usufruir. Não era uma criança dependente do pai, podia cuidar de si mesmo.

Isso não significa que a tristeza, num passe de mágica, tenha desaparecido. Ela ainda ameaça aparecer, mas como Peter sabe a sua causa, ele é capaz de administrá-la e deixar espaço para a alegria.

Ao lidar com nossas emoções e com a satisfação na vida, precisamos procurar as causas para que, em vez de os sentimentos tomarem conta de nós, possamos nos apossar deles. Aqueles que se deixam levar pelos sentimentos, sem procurar entendê-los, não conseguem fazer nada para mudar seu mundo.

As pessoas que não conseguem identificar a origem de seus sentimentos são as que têm menores probabilidades de superar rapidamente um sentimento temporário de insatisfação com a vida.

RAMANAIAH E DETWILER, 1997

55

A satisfação é relativa

Como é que você avalia a sua felicidade? Se comparar sua satisfação neste exato momento com os dois ou três melhores momentos de sua vida, você provavelmente não se sentirá tão feliz, porque aqueles momentos não podem ser copiados. Mas se você a comparar com alguns momentos difíceis, terá todas as razões do mundo para apreciar este momento.

Será que Bob é um bom aluno? Bem, com quem você o está comparando? Com seus colegas ou com Einstein? Será que hoje foi um bom dia? Comparando com o quê? Com os dias de grandes festas ou com as terças-feiras comuns? Ao fazer qualquer avaliação, temos de partir de um princípio básico: as coisas, os momentos e as pessoas são diferentes entre si e cada um dá o que pode na sua medida.

Nos tempos de escola eu tinha um amigo meio limitado que sempre passava de ano raspando. Para minha surpresa, os pais premiavam seu "sucesso" com um presente especial: uma bicicleta, uma bateria, uma viagem à Disneyworld. Em contrapartida, os pais de um dos alunos mais aplicados não manifestavam qualquer entusiasmo ante seu desempenho. "Por que não ganhou medalha de ouro?", perguntava o pai vendo a medalha de prata do filho. Anos mais tarde encontrei com os dois: o primeiro falava com alegria das poucas conquistas que obtivera na vida, enquanto que o aluno aplicado mostrava-se insatisfeito com os postos que galgara em sua carreira profissional: afinal, continuava em busca da medalha de ouro que sempre parecia estar em outras mãos.

Os antropólogos da Rutgers University descobriram que um dos fatores mais importantes da satisfação das pessoas no trabalho é o modo como se sentem em relação à sua vida doméstica. Muitas acham que o trabalho é satisfatório porque o comparam com sua situação familiar que se tornou estressante, conflitiva, sem graça.

A equipe da Rutgers descobriu que essas pessoas estão se agarrando à ordem e à amizade existentes no local de trabalho porque fazem uma comparação em que a vida doméstica agitada e exigente sai perdendo.

No exemplo que dei acima, o aluno medíocre era visto em si mesmo: dentro de suas possibilidades, passar de ano era realmente uma vitória. O aluno aplicado sairia sempre perdendo, porque nunca deixaria de haver alguém melhor do que ele. O momento excepcionalmente feliz deve ser intensamente usufruído, mas não pode se tornar padrão diante do qual os demais se tornem decepcionantes. Cada momento, cada pessoa tem suas alegrias e seus valores. Procure descobri-los, e o leque de prazer se abrirá sempre mais para você. Em nome do que achamos que uma coisa devia ser corremos o risco de perder o que ela realmente é e tem a nos oferecer.

> Não é de surpreender que as pesquisas indiquem que as pessoas felizes tendem a ter experiências mais positivas do que as pessoas infelizes. O espantoso é que, se observarmos suas vidas, não há grande diferença entre elas. Os estudos mostram que o que acontece com as pessoas felizes é bastante semelhante ao que acontece com as infelizes. A verdadeira diferença está nas pessoas e naquilo que elas sentem e definem como positivo ou negativo. As pessoas felizes são aquelas capazes de encontrar pequenas alegrias nos acontecimentos do dia-a-dia.
>
> PARDUCCI, 1995

56

Não deixe que outras pessoas definam os seus objetivos

Há muitas pessoas que escolhem seus objetivos com base naquilo que os outros pensam. Em vez disso, descubra quem você é realmente, o que deseja e estabeleça seus principais objetivos com base naquilo que realmente lhe importa.

Gary deixou a Marinha após 20 anos de serviço como piloto naval. Seus amigos militares ficaram surpresos com sua decisão de sair, mesmo diante da possibilidade de ser promovido muito em breve. Como ele podia fazer isso? O que havia de errado com ele? Seus amigos não chegaram a dizer-lhe isso diretamente, mas era o que se perguntavam.

Gary tinha uma resposta. "Chegar ao posto mais alto nunca foi o meu sonho", ele dizia. "Talvez seja o seu, tudo bem, mas não é o meu."

O sonho de Gary era servir a seu país ajudando as crianças. Ele entrara para a Marinha incentivado por seu pai e só mais tarde foi descobrindo o que realmente desejava. Mas foi difícil tomar a decisão, porque era bem-sucedido, recebeu várias promoções, tinha o reconhecimento da comunidade. Ao deixar a Marinha, foi convidado para dirigir um novo e rigoroso programa acadêmico de ensino médio. Hoje se sente feliz e realizado de uma forma que nunca poderia sequer imaginar. Ensinar, para ele, é um sonho que se realiza, um sonho que talvez nunca alcançaria se tivesse se preocupado com o que as outras pessoas achavam que ele devia fazer.

☺ ☺ ☺

Para ser feliz, não é preciso ter sucesso em absolutamente tudo o que se faz. Mas é essencial acreditar que se tem controle sobre a própria vida. Aqueles que sabem que são responsáveis por sua própria situação e por suas decisões sentem-se um terço mais satisfeitos do que aqueles que têm a sensação de não segurar as rédeas da própria vida.

Kean, Van Zandt e Miller, 1996

57

Não agrida seus amigos e sua família

Mesmo quando estamos com a razão, não ganhamos nada entrando em conflito com as pessoas que amamos. Por um lado, essas pessoas são muito mais importantes do que o assunto que causou o conflito. Por outro, quando somos agressivos ao defender nossos pontos de vista, o interlocutor sente-se tão acuado pela nossa forma de falar que nem consegue prestar atenção no que estamos dizendo.

☺ ☺ ☺

Seria ótimo ter sempre razão, não é?
Adam é dono da verdade, tem sempre razão. Pelo menos, ele

acha que sim. Seja uma pergunta simples de cultura geral ou a melhor maneira de preparar uma macarronada, Adam sempre tem a resposta. Quando alguém da família não concorda com ele em relação a qualquer coisa, Adam inicia um interrogatório. Ele pede à pessoa que lhe diga por que discorda dele e tenta flagrá-la em alguma contradição. Suas perguntas se parecem com as que os advogados dirigem às testemunhas pouco confiáveis quando querem que elas admitam seus erros.

Adam vence na maioria das vezes. Ele quase sempre consegue uma admissão de culpa de suas testemunhas. O problema é que o interlocutor de Adam não é um criminoso em um tribunal, mas um amigo ou parente que tem uma opinião diferente. A argumentação de Adam é tão agressiva que alguns amigos chegaram à conclusão de que simplesmente não vale a pena discordar dele, e outros concluíram que não vale a pena sequer conversar com ele, pois nunca se sabe quando um assunto vai virar uma controvérsia. Adam vence todas as pequenas batalhas, mas perde a oportunidade de aproveitar a companhia das pessoas de quem gosta.

As críticas contínuas nos relacionamentos diminuem a felicidade em até um terço.

O'CONNOR, 1995

58

Precisamos sentir que somos necessários

Pense nas pessoas que precisam da sua amizade, do seu carinho, da sua orientação ou da sua ajuda. É provável que você não perceba o quanto é importante para as pessoas que fazem parte da sua vida.

O Ministério do Trabalho realizou uma pesquisa sobre trabalhadores idosos para descobrir quais as razões que os fazem continuar a trabalhar e quais as razões que servem de incentivo para que se aposentem. Uma das razões mais freqüentes para parar de trabalhar não é o cansaço ou o desejo de passar mais tempo cuidando do jardim. O que em geral faz com que as pessoas mais velhas se aposentem, de acordo com a pesquisa, é o sentimento de que não são mais necessárias em seu trabalho. Os trabalhadores se aposentavam quando sentiam que sua utilidade vinha sendo questionada, que outras pessoas podiam fazer seu trabalho melhor e que eles estavam apenas ocupando espaço. Iam embora porque não eram mais necessários.

Pense no que isso significa para nós. Ninguém pode nos aposentar de nossa vida pessoal, a não ser nós mesmos. E nós o fazemos quando temos a sensação de não sermos mais importantes e necessários para os outros. Não deixe que isso aconteça com você. Não se deixe entregar à melancolia e tenha certeza de que há sempre pessoas para quem a sua presença, o seu carinho, o seu apoio, às vezes até uma palavra sua, um sorriso, um gesto de incentivo podem ser importantes.

☺ ☺ ☺

Em um programa experimental de pesquisas descobriu-se uma relação entre a felicidade e o hábito de ajudar os outros. Quando ajudamos outras pessoas, criamos laços positivos com elas e melhoramos nossa autoimagem. As pessoas que tinham mais oportunidades de oferecer ajuda sentiam-se 11% melhores em relação a si mesmas.

PEGALIS, 1994

59

Não pense "e se"

Passar o tempo imaginando o que teria acontecido se você tivesse feito uma pequena mudança ou tivesse tomado uma decisão ligeiramente diferente na vida é uma atitude que certamente criará infelicidade. Pense em como pode melhorar no futuro, mas não descarte o presente pensando em como poderia ter mudado o passado. O passado serve para nos ensinar, o futuro deve ser planejado. Viva plenamente o presente.

Podemos relacionar nossa posição atual com todas as decisões que já tomamos na vida. O lugar em que você se sentava no jardim-de-infância influenciou a escolha de seus amigos, a qual pode ter influenciado seus interesses, que influenciaram seu desempenho na escola, e daí em diante.

Podemos especular sobre essas coisas eternamente, mas isso não nos levaria a lugar algum. Se você entrar na rua errada em algum ponto do caminho, a solução não é estacionar e ficar se perguntando por que ou como entrou ali. O importante é pensar no que fazer para ir de onde está para onde quer estar.

O mesmo se aplica à sua vida. Não adianta ficar remoendo a decepção, nem se acusando por ter chegado até onde está. Pense naquilo que precisa fazer para chegar aonde quer.

Pesquisas feitas com atletas que perderam disputas finais nas Olimpíadas revelaram que aqueles que gastam menos tempo pensando em como as coisas poderiam ter sido diferentes são os mais satisfeitos com sua experiência.

Gilovich e Medvec, 1995

60

Participe de um trabalho voluntário

Todas as comunidades oferecem inúmeras oportunidades de doação. Leia para os cegos. Ajude o bazar local de caridade. Visite um asilo de velhos, vá brincar com as crianças de um orfanato. Qualquer coisa que você faça não vai ajudar apenas o mundo, vai ajudar você também. As pessoas que desenvolvem um trabalho voluntário sentem-se bem consigo mesmas. Elas se sentem úteis, valorizadas, e correm menos risco de se entediarem. Entram em contato com uma realidade onde, apesar de todas as carências, descobrem riquezas insuspeitadas e gratificantes. Mesmo que você ache que não tem muito tempo ou muitas habilidades, reserve ainda que seja uma hora por mês e dedique-se a uma boa causa.

☺ ☺ ☺

Bessie é uma viúva de 70 e poucos anos. Depois que os filhos saíram de casa, ela descobriu que dispunha de muito tempo e desejou dedicá-lo a alguma coisa útil. Ela queria algo que a fizesse acordar todos os dias com um sorriso no rosto.

Bessie tomou conhecimento de um programa de "avós adotivos" implantado em um centro comunitário de sua cidade. O programa usa cidadãos idosos para fazer companhia e entreter crianças deficientes durante o dia.

Bessie inscreveu-se e diariamente passa algumas horas brincando, lendo e conversando com as crianças.

Uma das amigas de Bessie, que também trabalha como voluntária no mesmo programa, diz que os avós adotivos dão às crianças "amor e atenção" e são recompensados com a chance de ver "a beleza que existe em cada uma dessas crianças".

Bessie diz que o trabalho voluntário "me dá a sensação de estar fazendo alguma coisa de bom. Estou ajudando as crianças, os pais e a mim mesma. Todo mundo sai ganhando, mas eu sempre sinto que sou eu que ganho mais".

☺ ☺ ☺

Uma análise das obras existentes sobre o assunto revela um acentuado consenso de que o trabalho voluntário contribui para a felicidade ao eliminar o tédio e dar um objetivo à vida. Em média, os voluntários têm duas vezes mais chances de se sentirem felizes consigo mesmos do que aqueles que não se dedicam a nada.

CRIST-HOURAN, 1996

Exercite-se

As pessoas que praticam exercícios, seja ginástica, musculação ou caminhadas longas e regulares, sentem-se mais saudáveis, melhor consigo mesmas e aproveitam muito mais a vida.

Um importante executivo costumava dizer: "Sempre que penso em me exercitar, deito-me e espero a vontade passar."

Ele dizia isso sempre e essa sua filosofia conduziu-o diretamente a uma perda de energia, seguida por problemas de saúde. O que não é de espantar.

Seus médicos pressionaram-no a mudar o estilo de vida e, como se viu sem alternativa, ele resolveu tentar. Para sua surpresa, foi descobrindo o prazer que os exercícios lhe davam. Era uma chance de passar algum tempo todos os dias cuidando do corpo, sem maiores preocupações. Sentiu que o contato com a natureza durante as caminhadas o deixava renovado. O que era inicialmente uma obrigação passou a ser uma saudável necessidade. E ele ficou maravilhado ao verificar que, ao invés de cansá-lo, os exercícios na verdade aumentaram sua energia.

Sabem qual é a sua filosofia atual? "É difícil encontrar palavras para dizer o quanto gosto de me exercitar."

As pesquisas sobre atividades físicas mostram que os exercícios aumentam a autoconfiança, o que por sua vez fortalece a auto-estima. Os exercícios regulares, incluindo as caminhadas, aumentam diretamente a felicidade em 12% e podem contribuir de forma indireta para uma melhoria expressiva da auto-imagem.

Fontane, 1996

62

Você sempre tem uma escolha

Lembre-se, ninguém nos obriga a fazer nada. Podemos escolher fazer qualquer coisa por considerá-la importante o suficiente para justificar nossos esforços. Não se queixe das suas responsabilidades como se fossem um fardo inevitável. Pense nos efeitos positivos de qualquer uma de suas ações – as razões pelas quais você vai trabalhar, as razões pelas quais você cuida de sua casa, e assim por diante.

Quantas vezes você já se queixou, pensando: "Por que eu tenho que fazer isso?" Quais são as coisas que você tem obrigação de fazer? A não ser que você esteja na prisão, você não tem que fazer nada. É você quem escolhe o que quer fazer.

Quer ver? Pense em alguma coisa que faz todo dia, como lavar roupa, levar as crianças para a escola, ir trabalhar. Você pode se perguntar: "E eu tenho alguma escolha? De qualquer modo, a roupa tem que ser lavada, as crianças precisam ir para a escola, eu tenho que trabalhar."

Sabe o que você pode escolher? Pode escolher fazer essas coisas como um fardo obrigatório, ou escolher fazê-las porque trazem bem-estar, conforto, alegria. Lavar a roupa é uma escolha que você faz porque gosta de ter suas coisas limpas e cheirosas. Levar as crianças para a escola é uma forma de conviver com elas e dar-lhes amor. Seu trabalho é fonte de realização para você e de conforto para a família.

Então você pode escolher a forma de ver e sentir as coisas que faz. A rigor, ninguém força você a nada. É você quem escolhe, fazendo uma avaliação do que perde e ganha com a sua opção. Porque toda escolha implica um ganho e uma perda.

Entrevistas realizadas a respeito dos níveis de satisfação na vida revelaram que as pessoas que demonstraram um senso de independência, tomando decisões por si mesmas, depois de avaliarem perdas e ganhos, tinham chances três vezes maiores de se sentirem satisfeitas do que aquelas que não o faziam.

Fisher, 1995

63

Não é o que aconteceu, é o modo como você pensa sobre o que aconteceu

Não há qualquer forma objetiva de lhe dizer se você teve uma boa vida, um bom dia ou uma boa hora. O seu julgamento é a única forma de dizer se a sua vida é bem-sucedida.

☺ ☺ ☺

Em uma pesquisa recente, um copo cheio de água até a metade foi mostrado a um grupo de pessoas. Ao descreverem o que estavam vendo, umas disseram "é um copo meio vazio", enquanto outras afirmaram tratar-se de "um copo meio cheio". Era exatamente o mesmo copo, mas a perspectiva dos observadores era diferente. Com os acontecimentos da vida acontece o mesmo. Um fim de semana chuvoso pode ser um desastre para quem se preparou para ir à praia e uma delícia para quem queria ficar em casa lendo, ouvindo música e descansando. Um pequeno progresso é considerado insuficiente para os que têm um alto nível de expectativa e é visto como uma vitória para quem sabe que as mudanças se processam lentamente. Tudo depende da nossa perspectiva.

☺ ☺ ☺

Saber que uma pessoa sofreu recentemente um baque ou obteve um triunfo não é um indicador preciso do seu grau de satisfação na vida. O importante é saber de que modo ela percebeu as causas e conseqüências desses dois fatos e o que representaram para ela.

STAATS, ARMSTRONG-STASSEN E PARTILLO, 1995

64

Desenvolva alguns interesses em comum com as pessoas que você ama

Os interesses em comum podem tornar mais divertida a convivência com sua família e seus amigos. Eles nos permitem ver a profundidade dos laços que nos unem.

☺ ☺ ☺

A família de Tom adora velejar. Quando puderam optar entre comprar uma casa maior ou um veleiro, decidiram que a melhor maneira de passar o dia juntos seria num barco.

Inicialmente tinham um marinheiro, até que Tom e seu filho resolveram ter aulas para aprender a manobrar o veleiro. Logo a esposa de Tom e sua filha juntaram-se a eles.

O fim de semana, em que a família se dispersava, agora é vivido em comum. Noites de lua cheia são ocasiões fantásticas para sair ao mar. E todos esperam ansiosamente pelas férias, quando passam alguns dias juntos explorando novas ilhas e praias.

A família de Tom descobriu assim uma nova alegria de viver. Além do prazer do esporte, verificaram o quanto a convivência mais tranqüila, dividindo um objetivo comum, permite que se conheçam melhor e fortaleçam os laços de afeto que têm entre si.

☺ ☺ ☺

Cada interesse em comum entre as pessoas envolvidas num relacionamento aumenta a probabilidade de uma relação duradoura e resulta num aumento na satisfação com a vida.

CHAND, 1990

Ria

Quando você achar uma situação divertida, não fique se perguntando "será que isso é mesmo engraçado?" ou "será que outras pessoas acham isso engraçado?". Simplesmente entregue-se e ria.

☺ ☺ ☺

Há nos Estados Unidos um grupo chamado Associação Americana de Terapia e Humor que acredita que uma das coisas que mais fazem falta nos dias de hoje é uma boa gargalhada.

Há um número cada vez maior de consultores empresariais que vêm descobrindo uma coisa interessante: a capacidade de rir faz da pessoa um melhor empregado.

Existem grupos de artistas que visitam regularmente hospitais infantis fantasiados de palhaços para divertir as crianças. Ficou provado que isso contribui bastante para curá-las.

Certa vez eu estava no cinema vendo um filme que me parecia absolutamente enfadonho. Já pensava em sair quando um homem na fila de trás começou a fazer pequenos comentários, chamando a atenção para detalhes engraçadíssimos que até aquele momento tinham ficado despercebidos. Comecei a me divertir tanto, que o tédio passou completamente. Quando as luzes acenderam, olhei para trás e dei de cara com um dos humoristas mais famosos do país. Um homem especialista em descobrir e revelar o lado divertido da realidade.

Você já pensou que existem pessoas especialistas em só ver o lado sombrio e melancólico dos acontecimentos? De que lado você se coloca? Não é difícil saber o que nos faz mais bem e torna a vida mais leve e feliz.

☺ ☺ ☺

Em pesquisas realizadas com centenas de adultos descobriu-se que a felicidade estava relacionada ao humor. A capacidade de rir, seja da vida ou de uma boa piada, é uma fonte de satisfação. Na realidade, aqueles que são capazes de rir de coisas banais têm muito mais chances de se sentirem felizes.

Solomon, 1996

66

Não deixe toda a sua vida girar em torno de uma coisa só

A vida é feita de muitas facetas diferentes. É importante não se concentrar excessivamente em um só aspecto da vida, para que se possa ter prazer em outros, mesmo quando um lado não vai bem. A obsessão por alguma coisa nos torna incapazes de usufruir outras e nos faz perder muitas oportunidades de beleza e alegria.

☺ ☺ ☺

Você investiria todo o seu dinheiro em ações de uma só companhia?

É claro que não. Qualquer especialista que você consultasse lhe diria para diversificar seus investimentos. Porque, se aquela empresa falir, todas as suas economias irão junto.

O mesmo se aplica à vida: é importante diversificar as esperanças, os interesses, os gostos, os amigos.

A pessoa que se concentra num único objetivo perde todas as outras oportunidades de alegria e corre um risco enorme de se ver absolutamente arrasada se não atingir aquela meta. Um amigo meu tinha uma fixação permanente: receber uma promoção na empresa onde trabalhava. A vida lhe tinha oferecido uma porção de alegrias, entre as quais uma mulher amorosa e filhos encantadores. Mas era como se ele os visse através de um véu, pois sua energia e atenção estavam concentradas na vida profissional. Foi preciso que a promoção não viesse – e ele entrou em profunda depressão – para que se desse conta de tudo o que deixava escapar, e reorganizasse seus valores.

A mesma coisa eu vi acontecer com uma mulher que, ao apaixonar-se por um homem, afastou-se dos amigos, da família, abandonou as atividades de que gostava para acompanhá-lo permanentemente. Quando ele rompeu a relação, ela se viu diante de um vazio aterrador e precisou de muito tempo para refazer a vida.

Construa suas esperanças em torno de várias coisas importantes para você, cultive muitos gostos e amigos: sua vida ficará mais rica e você se tornará uma pessoa menos vulnerável, mais interessante e feliz.

> Em uma experiência na qual se pedia aos participantes que discutissem o que dava satisfação às pessoas, a tendência predominante foi afirmar que aquelas cujos interesses e gostos estavam ligados a várias áreas tinham muito mais chance de ser felizes.
>
> BHARGAVA, 1995

67

Compartilhe

Não esconda seus sentimentos, seus pensamentos, suas esperanças. Compartilhe-os com seus amigos e sua família. As pessoas que guardam tudo dentro de si tendem a sentir-se isoladas, acreditando que os outros não as compreendem. Aquelas que compartilham suas vidas sentem-se mais amparadas e felizes, mesmo quando as coisas não correm exatamente como querem.

☺ ☺ ☺

Rose é artista já há muitos anos. Em seu tempo livre ela pinta lindas aquarelas de paisagens e isso lhe dá muita alegria. De vez em quando ela expõe seu trabalho em mostras locais ou em uma pequena galeria. Não está em busca de fama ou sucesso, o que a satisfaz é o prazer de pintar.

Uma coisa a aborrecia especialmente: sempre que sua família se interessava por seu trabalho artístico, as perguntas eram: "Você vendeu alguma coisa?", "Quanto você ganhou?". Rose se sentia incompreendida, desvalorizada, como se seu trabalho só fosse relevante pelo lucro obtido. Cada vez que lhe perguntavam se ganhara algum dinheiro, Rose se contorcia por dentro.

"Por que eles não me entendem?", ela se perguntava. "Por que essas pessoas, que deveriam ser tão próximas de mim, parecem tão distantes e afastadas, quase hostis?" Esses pensamentos cresciam dentro dela e faziam com que se sentisse infeliz na companhia de sua família. Desabafando com uma amiga, esta lhe perguntou: "Você já disse essas coisas para eles?" Só então Rose se deu conta de que sua família não podia ler seus pensamentos e que se ela não lhes desse a chance de saber como se sentia o afastamento iria se acentuar e ela acabaria sofrendo, isolada.

Rose seguiu o conselho da amiga. A família não só se surpreendeu, afirmando que apreciava enormemente o trabalho de Rose, como se deu conta de que as perguntas que fazia, além de magoá-la, davam uma impressão falsa de seu sentimento.

Peça ajuda quando precisar. Talvez o outro não tenha condições de atender à sua necessidade material, mas o fato de ouvi-lo, orientá-lo, dar-lhe sugestões será reconfortante e poderá, eventualmente, apontar um caminho não percebido.

Diga sua verdade com serenidade e escute a dos outros. É assim, e só assim, que as pessoas têm condições de construir uma relação respeitosa e feliz.

As pessoas que conseguem ser mais abertas têm uma satisfação com a vida cerca de 24% mais alta do que as mais fechadas.

FINCH, BARRERA, OKUN, BRYANT, POOL E SNOW-TUREK, 1997

68

Estar ocupado é melhor do que estar chateado

Encontre alguma coisa para fazer, porque ainda é melhor ter coisas demais para fazer do que não ter nada.

☺ ☺ ☺

Um filósofo uma vez observou que as pessoas anseiam pela imortalidade, mas não sabem o que fazer em uma tarde chuvosa.

Numa época em que eu sentia um certo desespero por estar com uma sobrecarga excessiva de trabalho, um amigo aposentado me confessou: "Há manhãs em que acordo e fico sem coragem de sair da cama, pensando: 'O que vou fazer do meu dia?'" Fiquei com pena dele, mas passei a valorizar muito mais minhas atividades, embora consciente de que precisava administrar melhor meu tempo.

Com freqüência reclamamos de ter coisas demais para fazer. Mas ter coisas demais é um problema positivo, de abundância, enquanto que a falta do que fazer é um problema negativo, de escassez. A empresa Metro Plastics Technology, de Indiana, testou esse princípio através da redução da semana de trabalho de seus empregados de 40 para 30 horas. E sabe o que aconteceu depois dessa mudança? A qualidade dos produtos da companhia subiu e ela na verdade aumentou seus lucros. A administração descobriu que dar mais tarefas aos trabalhadores em menos tempo tornava-os mais eficientes, ativos e entusiasmados e propiciava-lhes mais tempo livre fora do local de trabalho.

☺ ☺ ☺

Em pesquisas realizadas com estudantes universitários descobriu-se que aqueles cujas rotinas de trabalho eram mais exigentes estavam 15% mais satisfeitos com a vida. Apesar das exigências maiores, esses estudantes não eram mais estressados do que aqueles que tinham menos coisas a fazer.

BAILEY E MILLER, 1998

69

Faça aquilo que disser que vai fazer

Não há nada mais capaz de matar o progresso ou de enfraquecer o entusiasmo do que uma pessoa que fala mas nunca faz. É essencial, tanto para sua vida familiar quanto para sua vida profissional, que você se comprometa com aquilo que diz que vai fazer.

☺ ☺ ☺

Um vendedor de carros usados mostra um carro a você. O odômetro está marcando 13.000 quilômetros. O carro tem cerca de cinco anos de uso. Você acha que o carro já rodou na verdade 100.000 quilômetros, mas o vendedor garante que são só 13.000 mesmo, pois pertencia a uma velhinha que raramente o dirigia. Você acredita no vendedor?

Você provavelmente pensa em todas as histórias que já ouviu

sobre pessoas desonestas que vendem carros e não acredita na história do vendedor. Os vendedores de carros usados carecem de um fator essencial à comunicação positiva: credibilidade.

Precisamos acreditar que as pessoas dizem a verdade quando vamos escutá-las, interagir com elas, confiar nelas. No ambiente familiar e profissional isso é fundamental. Para termos credibilidade, precisamos manter ao máximo nossos compromissos e, quando isso não for possível, avisar, explicar, desculpar-nos. Mas sempre com a verdade, por mais desagradável que seja, para que a relação possa se desenvolver baseada na confiança.

Lembre-se, a credibilidade é como o casco de um navio. Se houver furos, grandes ou pequenos, a curto ou médio prazos o navio afundará.

A diferença entre as pessoas que têm relacionamentos pessoais felizes e aquelas que têm relacionamentos pessoais infelizes não é a quantidade de conflitos. Na realidade, os dois grupos têm um número semelhante de conflitos. O que contribui para o sucesso dos relacionamentos e para uma felicidade 23% maior das pessoas envolvidas é a capacidade de realizar efetivamente as mudanças acordadas e a confiança e segurança que isso gera.

TURNER, 1994

70

Procure pensar menos nas pessoas e nas coisas que incomodam

Há inúmeras coisas nas quais podemos pensar, mas muitos têm a tendência de concentrar sua atenção naquilo que mais incomoda. Se é o seu caso, tome consciência das manifestações dessa tendência. Pense nos aborrecimentos, para resolvê-los, mas procure concentrar-se nas coisas que trazem alegria.

Ralph conseguiu comprar a casa de praia com que tanto sonhava. Encontrei-o no final do verão e, ao perguntar-lhe como tinham sido as férias, ouvi um relatório de infortúnios: a casa era muito quente, os mosquitos atormentavam à noite, os vizinhos tocavam um som infernal.

Fui convidado para passar um fim de semana na casa de Ralph: fazia de fato calor, mas um ventilador de teto resolvia o problema e até ajudava a espantar os mosquitos. A mulher de Ralph, com sua gentileza característica, levara um bolo para os vizinhos barulhentos e conseguira negociar com eles uma diminuição do volume do som. O lugar era paradisíaco, a água do mar deliciosa, bater papo tomando uma cerveja na frente daquela beleza um verdadeiro privilégio. Mas Ralph continuava focado nos problemas e com isso perdia o prazer que o lugar tinha a lhe oferecer.

Os queijos suíços são gostosíssimos, mas há quem se concentre nos buracos desse queijo. Na minha família, quando alguém começa a insistir nos aspectos negativos de alguma coisa que pode causar prazer, é logo denunciado pelos outros: "Você só está vendo o buraco do queijo!"

É claro que há pessoas e situações que nos desagradam, nos fazem mal. Na medida do possível, devemos tranqüilamente evitá-las. Mas aqui estamos falando de uma tendência: a de se deter nos aspectos negativos que qualquer realidade tem, deixando assim de usufruir o que lhe dá prazer. Examine suas atitudes, descubra qual é sua tendência e, se for necessário, tente modificá-la.

☺ ☺ ☺

Aqueles que costumam ruminar os assuntos negativos e a infelicidade têm 70% menos chances de se sentirem contentes do que aqueles que não o fazem.

SCOTT E MCINTOSH, 1999

71

Mantenha contato com sua família

À medida que a família vai crescendo, sobretudo se alguns de seus membros moram distante, torna-se mais difícil comunicar-se com todos. Mantenha contato, compartilhe com sua família as novidades da sua vida. Eles querem saber, e você se sentirá melhor se conseguir manter o vínculo com eles.

A família, apesar de todas as complicações e dificuldades de qualquer relacionamento mais próximo, é um bem precioso. E não falo só da família biológica, mas também daquela composta pelos amigos, com quem às vezes temos laços mais profundos do que com pessoas da nossa família.

Sally é a terceira numa família numerosa. Desde cedo sua relação com a irmã mais velha foi marcada pela ambigüidade: apesar da grande afinidade entre as duas, Sally se ressentia do autoritarismo com que a irmã a tratava. Depois de casada, Sally foi morar numa cidade distante e a comunicação entre as irmãs foi se tornando cada vez mais rara, até quase se extinguir. Sally sentia falta da irmã, mas ressentia-se do silêncio, interpretando-o como descaso por parte de uma pessoa que ela considerava tão poderosa. Um dia, Sally recebeu uma carta extensa, em que a irmã pedia desculpas por todos os atos autoritários, dizendo que só agora se dava conta deles, e contava um problema pelo qual estava passando, desejando apenas compartilhá-lo. Foi uma retomada da relação anterior, agora livre das imposições e mais baseada na verdade, trazendo muita alegria para ambas.

A comunicação com a família pode se dar de várias formas. Tenho uma amiga que sempre tem uma palavra especial nos aniversários e nas mensagens de fim de ano. O carinho faz tão bem a quem o recebe que qualquer encontro retoma a intimidade do anterior. Algumas pessoas são capazes de organizar grandes reuniões em que cada um traz sua contribuição. Outras preferem convidar regularmente pequenos grupos, em que a troca de vida se dá com mais facilidade. Numa família que conheço, os presentes de amigo-oculto na festa de Natal promovem uma grande aproximação: cada um deve identificar seu amigo através de uma descrição que leve os outros a descobrir de quem se trata. O fato de ter que pensar nas características mais positivas daquele membro da família, e de expressá-las na frente de todos, ajuda a eliminar preconceitos e distâncias, gerando laços mais fortes.

É preciso vencer resistências e acomodações para manter o contato com a família, sobretudo nas grandes cidades, onde as distâncias são maiores e a vida mais tumultuada. Mas o afeto do núcleo familiar é um bem fundamental e merece um investimento para ser preservado.

As pesquisas voltadas para o exame da importância que a família tem tanto para cidadãos idosos quanto para adultos mais jovens mostram que as relações familiares são um fator igualmente essencial de satisfação para ambos os grupos etários.

O'CONNOR, 1995

72

Coma frutas todos os dias

As pessoas que comem frutas ficam satisfeitas com sua alimentação, interessam-se menos por alimentos industrializados e sentem-se melhor consigo mesmas.

Você já notou que, embora haja revistas que nunca compraria e que jamais escolheria para ler, você as folheia quando está em uma sala de espera ou num salão de beleza? Por inércia ou conveniência, aceitamos coisas que não nos atraem. O mesmo se aplica àquilo que comemos. Estamos com pressa e não queremos gastar tempo ou energia com comida. Muitas vezes é como se estivéssemos em uma sala de espera, aceitando a primeira comida que aparece pela frente.

Tenha sempre frutas em casa e coma-as quando sentir fome. É fácil, barato, não precisa preparar e faz muito bem. Além de inúmeros estudos demonstrarem os benefícios físicos de se comer frutas, agora sabemos que elas trazem também benefícios emocionais. Os nossos corpos anseiam por sabores adocicados, o que originalmente foi uma vantagem evolutiva, pois fez com que os antigos seres humanos consumissem mais frutas. Somente nos tempos modernos, quando o açúcar industrializado se tornou disponível e se multiplicou em doces e balas, é que nosso gosto por coisas doces passou a ter conseqüências negativas.

Comer frutas é um dos inúmeros hábitos de vida positivos que contribuem tanto para a saúde quanto para a felicidade. Consumir mais frutas está associado a uma probabilidade 11% mais alta de sentir-se capaz e satisfeito.

Heatey e Thombs, 1997

73

Pense em termos concretos

Precisamos ser capazes de avaliar nosso progresso, de saber que as coisas estão melhorando. É impossível atingir um objetivo abstrato, porque não sabemos ao certo se o alcançamos ou não.

Quero ser um profissional melhor. Quero ser um pai melhor. Quero ser um amigo melhor. Quantas vezes você já disse ou ouviu dizer isso? O problema com essas afirmações é que elas não são específicas. Você não sabe exatamente como fazer para se tornar um bom profissional, você nem sabe bem o que é ser um pai ou um amigo melhor. Então, como é que você vai saber se conseguiu o que desejava?

A StarQuest, uma firma de consultoria de Houston, ensina a definir objetivos, isto é, como tornar seus objetivos claros e diretos, e a descobrir aquilo que é realmente importante para você

Para melhorar seu desempenho profissional, você pode fazer relatórios semanais de atividades, baratear os custos em 5% ou motivar a equipe. Para ser melhor pai: conversar regularmente com seus filhos e sair de férias com eles. Esses são objetivos concretos em que você pode se empenhar e atingir com sucesso, permitindo uma avaliação.

Atingir nossos objetivos aumenta nossa autoconfiança, satisfação, e nos prepara para a conquista de novos objetivos.

Pensar em termos concretos aumenta em 16% a percepção de que a vida tem sentido e, portanto, vale a pena.

LINDEMAN E VERKASALO, 1996

74

Dê apoio às pessoas

Reserve algum tempo e disponibilidade interior para ajudar, reconfortar ou simplesmente estar com as pessoas de quem você gosta quando elas precisarem. Você se sentirá bem e isso aproximará você dessas pessoas ainda mais.

Sarah não tinha certeza se conseguiria passar em todas as matérias do ensino médio e em seguida da faculdade até conseguir tornar-se uma professora. Muitas vezes demorava mais do que seus colegas para terminar de fazer suas leituras e outros deveres, e cada passo do caminho era muito árduo.

Os amigos dedicaram-se a ajudar Sarah, principalmente com suas leituras.

No discurso de formatura, Sarah, que havia sido aceita por uma universidade, agradeceu a esses amigos por sua ajuda, confiança e apoio. Ela falou para seus colegas na condição de primeira oradora cega na história de sua escola.

☺ ☺ ☺

O apoio que as pessoas recebem é um fator muito importante tanto para sua felicidade quanto para a daqueles que o dão.

Jou e Fukada, 1997

75

Procure reconciliar as pessoas

Quando seus amigos ou parentes brigam uns com os outros, você compartilha sua infelicidade. Num momento de conflito, as pessoas precisam de alguém que, com bom senso, sabedoria e afeto, intervenha para tentar ajudar na reconciliação.

Nellie e Cindy são irmãs e sempre foram muito amigas. Por isso, quando Cindy se separou do marido, Nellie convidou-a para morar em sua casa.

Tudo caminhava bem até que a conta de telefone chegou. Era a maior conta que Nellie já recebera, o que a deixou transtornada. Impulsivamente interpelou a irmã, acusando-a de ter exagerado nas ligações interurbanas.

Cindy examinou a conta e afirmou que as ligações, na maioria, não eram suas, culpando Nellie de tê-las feito.

A discussão foi se tornando cada vez mais áspera, ressentimentos antigos vieram à tona, transformaram-se em insultos, até que a tensão entre as duas irmãs tornou-se insuportável. Os demais membros da família passaram a sentir-se constrangidos na presença de Nellie e Cindy e começaram a evitá-las, em vez de procurarem contribuir para resolver o problema.

A situação chegou a tal ponto, que Nellie processou a própria irmã em um tribunal de pequenas causas. A família perdeu a paciência com ambas.

Nellie ganhou a causa, mas perdeu a irmã.

☺ ☺ ☺

Assistir passivamente aos problemas criados entre pessoas que se amam reduz a felicidade em 15%. É mil vezes preferível, para preservar a própria felicidade, enfrentar essas dificuldades, em vez de negá-las ou evitá-las. Um membro da família ou um amigo que não esteja envolvido na questão pode intermediar para promover eficazmente o entendimento e a reconciliação.

SIMPSON, 1990

76

Goste dos animais

Os animais têm muito a nos ensinar sobre o amor. Quanto mais nos aproximamos deles, mais alegria nos dão.

Gina dirige um lar para idosos. Ela se desdobra, tentando encontrar coisas que alegrem seus velhinhos. O que melhor funciona são os cães.

Existe na cidade um abrigo de animais que leva diversos cachorrinhos ao lar de idosos todas as tardes de quinta-feira. A chegada deles é uma festa. Desde cedo os velhinhos se preparam para recebê-los e cada um tem seu favorito. O amor que os cães oferecem incondicionalmente enche de alegria e revitaliza aquelas pessoas muitas vezes isoladas e abandonadas pelos familiares.

Um voluntário que trabalha no lar de idosos observou: "Você precisa assistir a um desses cachorros colocando a cabeça sobre o joelho de um deles, procurando um afago, ou pousando o focinho sobre o peito de um paciente, olhando-o amorosamente. Já vi alguém que não queria sair da cama levantar-se e oferecer-se para levar um cachorro para passear pela casa." Gina acrescentou: "É fantástico perceber como os cachorros fazem as pessoas esquecerem-se de si mesmas e de seus problemas. O rosto fica radiante, os olhos brilham. Quando vão embora, os animais deixam um rastro de alegria atrás de si."

A relação com os animais nos proporciona uma alegria imediata e provoca sentimentos positivos que contribuem fortemente para nossa felicidade. Ter um animal de estimação aumenta as probabilidades de felicidade em 22%.

Barofsky e Rowan, 1998

77

Tenha uma boa noite de sono

Não economize seu sono. Uma boa noite de descanso fornece combustível para o dia seguinte. As pessoas descansadas sentem que trabalham melhor e chegam mais bem-dispostas ao fim do dia.

No outono de 1998, uma coisa interessante aconteceu nas manhãs de terça-feira. Uma pesquisa revelou que os trabalhadores do nordeste dos Estados Unidos estavam 3% mais produtivos do que nas terças-feiras do outono anterior.

O que havia mudado? O jogo de futebol das segundas à noite passou a começar uma hora mais cedo em 1998 e, em conseqüência, os homens que o assistiam puderam ter uma noite de sono decente. Em vez de terminarem depois da meia-noite, os jogos terminavam antes de 11h30.

Para muita gente é fácil trocar o sono pela televisão, por reuniões sociais repetidas ou por qualquer outra coisa. O sono parece às vezes uma concessão que fazemos, não um investimento fundamental. Mas uma boa noite de sono rende dividendos em todos os aspectos da vida.

A qualidade e a quantidade do sono contribuem para a saúde, o bem-estar e o equilíbrio emocional. Para aqueles que dormem menos de oito horas, cada hora de sono sacrificada resulta em um sentimento 8% menos positivo em relação a seu dia.

PILCHER E OTT, 1998

78

Escolha o assunto em que pensar ao se deitar para dormir

As pessoas muito ansiosas deixam seus pensamentos vagarem de um assunto a outro enquanto tentam adormecer, até que, em questão de minutos, criam um catálogo virtual de problemas. Com todos esses problemas, como é que alguém pode ter um sono tranqüilo?

Hoje à noite, enquanto estiver escovando os dentes, escolha deliberadamente algo em que gostaria de pensar quando entrar debaixo das cobertas. Algo que seja bonito, que lhe dê ou tenha dado prazer e alegria. Se outros pensamentos começarem a se intrometer, reconheça-os, mande-os embora e volte ao assunto escolhido.

☺ ☺ ☺

Megan tem o costume de assistir ao noticiário da televisão antes de dormir. É uma seqüência de assuntos catastróficos que ela leva para a cama. O que está acontecendo com o meio ambiente? O que será feito dos resíduos das usinas nucleares e dos produtos químicos tóxicos? Como estará o meio ambiente na geração de meus filhos? E de meus netos? E a água do planeta? E a camada de ozônio? Será que a Terra vai conseguir sobreviver? Na cabeça de Megan aparecem imagens vistas num recente programa de televisão, e aos seus ouvidos soam os prognósticos terroristas reforçados por trágica música de fundo.

É isso o que acontece com você? Deixa que uma notícia de televisão leve seu pensamento até uma catástrofe universal? Não tenha dúvida, essas preocupações se espalham, causando estresse em vez do relaxamento que buscamos no sono, e fazem com que pessoas como Megan precisem do auxílio de pílulas para dormir.

Sabemos hoje que um excesso de pensamentos, mesmo que não conduzam a temas tão dramáticos quanto o destino da Terra, são perturbadores e dificultam o sono. Quando os pensamentos ficam saltando de um lado para outro, uma idéia conduzindo a outra, este fluxo nos deixa mais alertas e incapazes de fechar os olhos, de encerrar o expediente do cérebro e mergulhar tranqüilamente no sono.

A mãe de uma amiga lhe aconselhava quando a via angustiada com algum problema na hora de dormir: "Não procure resolver nada à noite, pois no escuro tudo parece pior e mais trágico. Quando o dia clarear, os problemas parecerão mais fáceis de ser resolvidos."

Em pesquisas feitas com estudantes universitários descobriu-se que pensar em coisas negativas antes de dormir leva à dificuldade de adormecer e a uma qualidade de sono inferior, causando infelicidade. As pessoas que dormem melhor estão 6% mais satisfeitas com suas vidas do que aquelas de sono médio e 25% mais satisfeitas do que as pessoas que dormem mal.

Abdel Khalek, Al-Meshaan e Al-Shatti, 1995

79

O fim chega para todos, mas podemos estar preparados

À medida que envelhecemos, uma das maiores fontes de ansiedade é achar que nunca teremos chance de realizar aquilo que sempre quisemos fazer, ou terminar o projeto em que estamos trabalhando, ou reparar um relacionamento que se tenha desgastado. Não espere até o fim da vida para descobrir as coisas que você queria ter feito. Pense nessas coisas agora e faça-as.

Muitas pessoas estão sempre adiando as coisas. Mesmo que tenham um prazo maior, deixam para fazer na última hora, pressionadas pelo tempo. O processo todo é penoso. Gera um nível enorme de ansiedade e compromete inevitavelmente a qualidade do que é feito. As pessoas que planejam seus trabalhos de forma organizada têm tempo e tranqüilidade para refletir, aprimorá-los, nunca se sentem como se tivessem perdido o controle e sentem gosto em fazê-los.

Passamos a vida entre essas duas alternativas – adiar ou planejar e realizar. Aquele que está sempre adiando sente como se tivesse perdido o controle da própria vida e, à medida que os anos avançam, se desespera e se frustra. Aquele que planeja vai terminando o que precisa ser feito, usufrui com calma suas realizações.

Uma pesquisa realizada com cidadãos idosos descobriu que aqueles que encaram mais tranqüilamente a perspectiva da morte não são os que ignoram o assunto, mas os que se preparam para ele.

OATES, 1997

80

O modo como vemos o mundo é mais importante do que o modo como o mundo é

Qual é o formato do mundo, seu peso, o tamanho de seu diâmetro e em que condição ele se encontra? Os cientistas e os filósofos debatem interminavelmente esse assunto. Mas não há nenhuma avaliação real do mundo separada daquela que você faz.

Um grupo de pesquisadores realizou um estudo no qual mostravam às pessoas um baralho. Em cada uma das cartas, contudo, havia algo errado, algo diferente do normal. O quatro de paus era vermelho, o cinco de ouros tinha seis ouros. O procedimento consistia em mostrar as cartas às pessoas e perguntar-lhes o que estavam vendo.

Vocês acham que as pessoas ficaram surpresas ao ver essas cartas cheias de erros óbvios? Não, porque não os notaram. Quando se pedia para descreverem as cartas que viam, as pessoas respondiam que estavam olhando para um cinco de ouros ou para um quatro de paus. Elas não faziam qualquer menção ao fato de haver erro nas cartas.

Por que isso acontecia? Porque aquilo que vemos não depende apenas do que se encontra realmente à nossa frente, mas também daquilo que estamos procurando – nossas expectativas, nossos pressupostos.

Qualquer coisa pode ser vista de ângulos diferentes. Qualquer um de nós conhece pessoas que, embora tenham vivido acontecimentos semelhantes, tiveram percepções praticamente opostas. Os pesquisadores compararam, por exemplo, pessoas que receberam uma promoção no emprego. Descobriram que enquanto algumas deram muito valor à oportunidade, outras lamentavam o aumento de responsabilidade. A forma como os acontecimentos são vividos e sentidos é uma mera questão de perspectiva.

CHEN, 1996

81

Mantenha lápis e papel sempre à mão

As pessoas muitas vezes se sentem frustradas porque não conseguem se lembrar de uma boa idéia que tiveram na semana anterior, de providências que precisavam ser tomadas ou de um sonho interessante daquela noite. As que mantêm um caderno ou mesmo um pequeno bloco de anotações e registram neles aquilo que lhes ocorre sentem que têm um maior controle sobre suas vidas e que perdem menos coisas.

Emily é uma escritora iniciante que está sempre tomando notas. Mesmo quando não encontra papel, ela procura envelopes, guardanapos, cartões, qualquer coisa que possa usar para anotar seus pensamentos. Quando tem uma idéia que lhe parece interessante, ela a registra. É impossível para qualquer ser humano guardar todas as idéias que lhe ocorrem, por mais fascinantes que sejam. É por isso que os escritores carregam sempre um caderno ou um bloco. Entretanto, não é preciso ser um escritor para ter boas idéias. Mantenha sempre lápis e papel à mão e você conseguirá reter esses pensamentos passageiros. E não se desesperará tentando lembrar a providência que lhe ocorreu quando estava a caminho do trabalho ou o compromisso que assumiu durante uma conversa num almoço de negócios.

☺ ☺ ☺

Enquanto as atividades que têm um propósito contribuem para a felicidade, o sentimento de perda de idéias e oportunidades contribui para uma ansiedade e frustração pouco saudáveis. As pessoas que sentem que suas melhores idéias lhes escapam têm chances 37% menores de se sentirem contentes do que as pessoas que conseguem registrar seus pensamentos.

MADIGAN, MISE E MAYNARD, 1996

82

Ajude as pessoas próximas que precisarem de algo

Ajudar é uma coisa que sempre vale a pena. Por isso, preste atenção à sua volta e ajude a quem puder. Podem ser coisas simples, tais como habituar-se a segurar a porta para a pessoa que está atrás de você. É um gesto amistoso que faz bem ao outro e a você.

Stacy mudou-se para o Meio-Oeste dos Estados Unidos e rapidamente notou que os motoristas daquela região pareciam ser pessoas atenciosas. Quando ela estava presa tentando sair de um estacionamento, com uma fila de carros de um quilômetro de extensão à sua frente na rua principal, as pessoas paravam e lhe davam passagem.

Mirando-se nesse exemplo, Stacy adquiriu o hábito de deixar os outros carros passarem quando o trânsito estava lento. Stacy gostava dessa maneira amistosa de encarar a vida e logo foi recompensada.

Após deixar um carro passar à sua frente, Stacy teve que sair para o acostamento porque o motor de seu carro começou a falhar. O motorista a quem ela havia dado passagem viu-a encostar o carro e parou. Ele perguntou se ela precisava de ajuda e, após uma rápida olhada, concluiu que sua gasolina havia acabado. Ele deu gasolina suficiente para que ela chegasse ao próximo posto e disse-lhe que achava as pessoas daquela região muito simpáticas. Ela lhe deu seu número de telefone e um ano mais tarde os dois estavam casados.

☺ ☺ ☺

Descobriu-se que as ações altruístas aumentam a satisfação na vida em 24%.
WILLIAMS, HABER, WEAVER E FREEMAN, 1998

83

Tome cuidado para não criticar duramente sua família e seus amigos

Todos nós dependemos do apoio e reconhecimento das pessoas mais próximas. Talvez seja mais fácil aceitar palavras críticas daqueles que não nos são próximos, porque nossa ligação afetiva com eles é menor e porque não nos conhecem o suficiente para avaliar o que seriam nossas falhas. Mas, quando vem uma crítica dura de amigos ou parentes a quem queremos bem, fere fundo. Por isso, procure aceitar seus amigos e parentes como são. Se houver alguma coisa que precise ser dita, até mesmo para evitar um problema de relacionamento, faça-o de forma construtiva, com carinho, mostrando que seu desejo é investir na relação. Quando sentir raiva, afaste-se da pessoa e espere a raiva passar para conseguir falar com serenidade. E ouça o que o outro tem a dizer.

☺ ☺ ☺

"É, isso foi mesmo uma estupidez", disse a mãe de Carol quando ela lhe contou que havia perdido um arquivo no trabalho e que seu chefe ficara zangado. *Estupidez.* A palavra saiu da boca da mãe e bateu em Carol como se fosse um tapa no rosto. A crítica do chefe a havia magoado, mas a observação da mãe, carregada de agressividade, foi extremamente dolorosa.

A mãe poderia ter dito que é natural errar e que valia a pena prestar mais atenção de uma próxima vez. Poderia até – se a distração fosse uma característica de Carol que a prejudicasse e que irritasse a mãe – aproveitar a oportunidade para conversar sobre isso, mas com amor, mostrando à filha que desejava seu crescimento. Da forma como foi, não ajudou em nada e só fez Carol sentir-se desvalorizada e agredida justamente pela pessoa que, teoricamente, mais a devia amar.

☺ ☺ ☺

As agressões e a persistência nos conflitos reduzem a satisfação nos relacionamentos em quase 70%.

CHAND, 1990

84

Algumas pessoas gostam do quadro geral; outras, dos detalhes

Quando você recebe a conta em um restaurante, você pode olhar o valor total ou prestar atenção em cada um dos itens listados. Na vida é a mesma coisa. Você pode pensar na totalidade das coisas que conquistou ou pode se concentrar nos episódios específicos da sua vida. Adote a perspectiva que lhe traz mais satisfação. Se você tem a sensação de que se saiu bem, apesar de um problema momentâneo, pense no quadro geral. Se você está num momento de desânimo e insegurança, apesar de saber que sua vida foi marcada por vários momentos de grande felicidade e prazer, então concentre-se nesses detalhes.

Em uma tarde de sábado, dois homens que vivem em casas vizinhas já velhas, de tamanho e estado de conservação aproximadamente iguais, estão em seus quintais. Um deles balança-se em uma rede. O outro está suando ao sol, pintando sua cerca. O homem deitado na rede está feliz e confortável, com uma grande e difusa sensação de bem-estar, usufruindo a consciência de ter uma casa acolhedora e uma família unida. Seu vizinho também se sente feliz, porque vê como a cerca está ficando bonita com a pintura nova, como as plantas estão crescendo, e porque seu netinho vai chegar para visitá-lo à tarde. O primeiro fica feliz com o quadro geral, o segundo com os detalhes. O importante é que ambos estão satisfeitos.

Os cientistas descobriram que é igualmente importante para a felicidade sentir a alegria decorrente dos acontecimentos, ou usufruir melhor os acontecimentos em virtude de uma sensação geral de bem-estar. Uma sensação alimenta a outra.

SCHERPENZEEL E SARIS, 1996

85

Se você não conseguir mudar seus objetivos, eles irão lhe causar sofrimento

Muitas pessoas que não conseguem alcançar seus objetivos se afogam na decepção. Isto acontece porque elas se fixam num objetivo determinado em um momento específico. Mas tanto a vida quanto nós mesmos vamos mudando, e o que era fundamental numa época pode deixar de ser mais adiante. Por isso é preciso deixar que seus objetivos evoluam juntamente com as circunstâncias de sua vida. Avalie o que mudou em suas prioridades e recursos e volte a definir seus objetivos, sabendo que, em outro contexto, poderão sofrer novas mudanças.

☺ ☺ ☺

Psicólogos descobriram fortes evidências de que, embora os objetivos sejam importantes, podem causar sofrimento e frustração se não formos flexíveis. Aqui está uma história típica.

Quando se casou, aos 20 anos, Jimmy prometeu à sua esposa que antes de fazer 24 anos eles seriam proprietários de uma casa. O casal vivia em um apartamento modesto, porém confortável. Jimmy poupava o quanto podia, mas seu salário parecia sempre insuficiente. Pegou então um empréstimo com seus pais, conseguiu uma hipoteca, comprou a casa prometida e mudou-se com a esposa.

As prestações, contudo, eram altas demais, e Jimmy precisou conseguir um segundo emprego. Ainda assim, não foi suficiente, e Jimmy partiu para um terceiro emprego noturno.

Ele acabou ficando doente de tanto trabalhar e com o tempo começou a ressentir-se da casa e da esposa a quem ele a havia prometido.

Em vez de levar uma vida satisfatória e de continuar poupando para comprar uma casa algum dia, Jimmy forçou o processo para manter uma meta estabelecida aos 20 anos. Em vez de colocar seu objetivo na felicidade, construída a partir de suas possibilidades reais, ele o identificou rigidamente com a casa prometida. O objetivo passou a mandar nele e quase arruinou sua vida.

Se os objetivos de uma pessoa não forem coerentes com suas capacidades e possibilidades, eles irão gerar frustração e descontentamento, quadruplicando a probabilidade de insatisfação.

PAVOT, FUJITA E DIENER, 1997

86

Não superproteja

Ninguém quer que suas pessoas queridas sofram qualquer mal, mas é preciso deixá-las viver suas vidas e passar por suas experiências. Ficar o tempo todo se preocupando e tentando impedir que façam aquilo que desejam é um risco: aqueles que protegemos não desenvolverão seus próprios recursos e mecanismos de defesa, não crescerão aprendendo com as experiências, e nós ficaremos incessantemente preocupados.

Na rua onde moro vivem duas famílias com crianças pequenas. O comportamento de cada uma em relação aos filhos ilustra bem o que quero falar sobre superproteção. Na primeira, as crianças são cuidadas, protegidas de perigos, mas têm espaço para criar seus próprios jogos, inventar suas brincadeiras, convidar os amiguinhos da escola, às vezes ir dormir na casa de algum deles. São crianças alegres, soltas, comunicativas, capazes de achar graça nas pequenas diversões. Se acontece algum problema, o pai conversa com os filhos, procurando fazê-los entender o que aconteceu e, se for preciso, colocando limites.

Na segunda, as crianças são sufocadas pela superproteção: seus horários são absolutamente preenchidos pelos pais com aulas de todo tipo, não são deixadas sozinhas em nenhum momento, não podem freqüentar a piscina dos vizinhos, as roupas que usam em qualquer ocasião são escolhidas pela mãe e em hipótese alguma dormem fora de casa. São fechadas, desconfiadas, e eu as vejo olhando as brincadeiras das outras com visível desejo de participar, mas sem ter coragem ou permissão para fazê-lo.

Pesquisas realizadas com milhares de pais e mães mostraram um menor nível de felicidade nos que tinham um comportamento superprotetor. A energia e o tempo gastos por causa das preocupações os tiravam de outras atividades prazerosas e causavam um nível mais alto de estresse, além de prejudicar seus filhos.

VOYDANOFF E DONNELLY, 1998

Visite seus vizinhos

Já não vivemos na época em que as pessoas conheciam todos os seus vizinhos e os consideravam seus amigos. Um número assustador de pessoas nunca conversou com seus vizinhos, e alguns sequer os reconheceriam em meio a um grupo. Apresente-se a seus vizinhos ou convide-os para tomar um café. Os vizinhos não são apenas uma grande fonte potencial de amizades e trocas. A proximidade de sua presença pode nos trazer conforto e segurança.

☺ ☺ ☺

Ann e Gerald mudaram-se em novembro para um condomínio onde as casas ficavam bastante próximas. Perto do Natal, convidaram todos os vizinhos para um lanche de confraternização. Os que compareceram manifestaram uma grande alegria com o encontro. Disseram que, apesar de morarem naquele local há muitos anos, era a primeira vez que alguém tomava aquela iniciativa. Depois do lanche, Gerald pediu que cada um dissesse brevemente para os outros algo que considerasse importante a respeito de si. Foi o início de uma feliz convivência e de uma generosa troca de serviços. Os pequenos conflitos inevitáveis num condomínio passaram a ser administrados com maior facilidade e a vida tornou-se mais agradável para todos.

☺ ☺ ☺

Uma maior interação na comunidade pode aumentar a felicidade em quase 30%.

SUGARMAN, 1997

88

Não aceite o retrato do mundo que a televisão transmite

Se você assistir aos noticiários da televisão, às novelas e aos programas de grande audiência sem estar com o senso crítico aguçado, chegará inevitavelmente à conclusão de que o mal predomina assustadoramente no planeta, que a desgraça é iminente e que o fim do mundo está próximo. Será confrontado também com ambientes de luxo e riqueza, onde só há alegria e mulheres deslumbrantes apresentadas como um ideal a ser atingido. De um modo geral, ficamos ali sentados, inertes, engolindo passivamente tudo, sem nos darmos conta do mal que essas imagens nos fazem. Por isso, tome duas iniciativas: procure evitar os noticiários antes de dormir, para não levar todas aquelas desgraças para o seu sono. Ou então assista aos programas e novelas filtrando com seu senso crítico, sabendo que o que é bom, positivo, nobre e generoso dificilmente encontra espaço nas telas, tomando consciência de que a realidade é ambígua e que os valores determinantes da felicidade não se identificam com o luxo e o esplendor que a televisão apregoa.

Durante mil gerações, a tribo Gwinch'in viveu no norte do Alasca em um isolamento cultural quase completo. Os membros da tribo eram totalmente auto-suficientes, sobrevivendo com base em habilidades e sabedoria aprendidas com seus pais e com os anciãos.
Em 1980, um líder da tribo adquiriu uma televisão.

O evento é descrito por membros da tribo como o princípio de um vício. Em breve o convívio e os costumes nativos começaram a ser ignorados de modo a maximizar o tempo diante da televisão. Um pesquisador comentou a respeito da experiência dessa tribo: "Para esses nativos, como para todo mundo, a televisão é um gás paralisante cultural. É inodoro, indolor, insosso e mortal."

O que aconteceu com as tradições Gwinch'in que haviam sido respeitadas durante milhares de anos? Nas palavras de um membro da tribo: "A televisão nos fez desejar ser uma coisa diferente. Ela nos ensinou a cobiça e o desperdício, e agora tudo o que éramos está perdido."

Apesar de ter programas excelentes, a televisão é capaz de mudar a nossa visão do mundo e nos incentivar a desenvolver conclusões altamente irreais e muitas vezes prejudiciais que reduzem a nossa satisfação na vida a perto de 50%.

JEFFRES E DOBOS, 1995

89

Coisas pequenas têm grandes significados

Coisas muito pequenas – o tom da voz, a expressão corporal, um toque de mão, uma única palavra num bilhete, uma flor deixada sobre a mesa – podem comunicar coisas muito importantes.

☺ ☺ ☺

Será que coisas tão pequenas, como uma ligeira mudança na expressão do rosto, têm realmente importância?

Não são necessários grandes gestos nem gritos dramáticos. As nossas reações aparecem em expressões mais sutis, tons de voz, pequenos gestos e linguagem corporal.

Pense nisto: reconhecer a expressão do rosto de uma pessoa leva menos do que a sexta parte de um segundo. Podemos processar expressões a cerca de 90 metros de distância. Como fazemos isso? Prestando atenção. Os seres humanos prestam especial atenção em expressões faciais, tomando-as como indicadores daquilo que seus companheiros estão pensando.

Da próxima vez que alguém lhe perguntar se está gostando do jantar que lhe foi oferecido e você responder "está ótimo", lembre-se de que seu interlocutor está prestando atenção não apenas nas suas palavras, mas também nas mensagens que você talvez esteja comunicando com a expressão do rosto, um sutil gesto do corpo e de muitas outras formas.

Você pode expressar seu amor por uma pessoa com palavras, mas pode multiplicar essa comunicação com pequenos gestos delicados, desde uma flor deixada sobre o travesseiro, um aperto de mão mais caloroso, uma refeição especial num dia comum. A mulher atenta e amorosa é capaz de ver, por trás do "tudo bem" do marido, uma preocupação estampada na tristeza do olhar e que ele tem dificuldade em expressar. E ela pode manifestar sua solidariedade através de muitos pequenos gestos que não o pressionem, mas transmitam "estou ao seu lado, disponível para acolhê-lo".

Os casais que têm sensibilidade na comunicação – que reconhecem o poder das mudanças sutis de comportamento – avaliam que sua satisfação é 17% mais alta do que os casais que não a possuem.

NOTARIUS, 1996

90

Não ignore uma parte de sua vida

Somos mais felizes quando o conjunto de nossa vida está bem do que quando uma área importante está perfeita e o resto está caindo aos pedaços.

☺ ☺ ☺

Observe o modo como algumas organizações tomam decisões. Elas o fazem por partes, em vez de pensar na organização como um todo.

Uma universidade designa uma sala do andar térreo para um exame final realizado de manhã cedo ignorando o fato de que a equipe de manutenção estará nesse mesmo horário cortando a grama do lado de fora. Por quê? A sala foi escolhida pelo reitor porque tinha o tamanho adequado, enquanto que o pessoal da manutenção foi enviado pelo gerente administrativo porque de manhã é mais fresco e fica mais fácil trabalhar ao ar livre.

Qual é a conseqüência? As duas atividades entram em conflito e nenhuma delas tem um bom resultado. O barulho atrapalha o exame e o trabalho de manutenção acaba sendo interrompido antes do final para atender às necessidades dos estudantes.

Você não pode atender a um setor da sua vida ignorando os demais. Não pode mergulhar no trabalho abandonando a vida familiar e o lazer. Não pode se dedicar integralmente às tarefas domésticas descuidando-se de sua vida intelectual ou da sua aparência. Você não é uma organização com vários gerentes, mas uma pessoa única com suas necessidades e prioridades. A sua tarefa é levar todas elas em conta e viver de forma equilibrada.

☺ ☺ ☺

Em uma pesquisa realizada com um grupo grande de estudantes universitários, aqueles que não faziam sua satisfação depender de um único objetivo tinham chances 19% superiores de se sentirem felizes.

SMITH, 1997

91

Ouça música

A música nos atinge em muitos níveis diferentes, e as nossas músicas prediletas tendem a nos transportar mental e emocionalmente para nossos lugares e momentos favoritos.

Você sabe o que aconteceu quando alguns professores puseram obras de Mozart para seus alunos ouvirem enquanto faziam alguns exames? Eles se saíram melhor. Por quê? Porque os cientistas descobriram que a música estimula o cérebro.

Esse estudo demonstrou que a música tem efeitos positivos em qualquer idade. A música estimula a mente e o corpo, emociona, pacifica, empolga, evoca momentos e lugares que nos fizeram felizes.

Em 92% dos indivíduos examinados constatou-se que ouvir uma música bonita ou a música favorita exerce um efeito positivo sobre o estado de espírito. A animação e a felicidade foram reações típicas à música.

HAKANEN, 1995

92

Aprenda a usar o computador

Não importa sua idade, 8 ou 98, as pessoas que usam computadores têm acesso às maravilhas da tecnologia e do mundo.

Os computadores podem ajudar a aproximar as pessoas e abrem uma janela para o mundo. Pelo correio eletrônico, as pessoas passaram a comunicar-se muito mais freqüentemente com amigos distantes e mesmo com os mais próximos. Pequenas mensagens facilitadas pelo computador transmitem afeto, informações e mantêm vivos os laços de relacionamento. Melody, uma aluna cujo pai é militar, muda constantemente de cidade. A frustração que sentia por estar sempre deixando amigos para trás foi compensada pela possibilidade de manter a comunicação com eles através do correio eletrônico.

Paul, um senhor de 90 anos que já não pode sair de casa, viaja por países ou visita museus através da internet. Mas ele não se deixa absorver completamente pelo computador. Muitas vezes, em vez de entrar no correio eletrônico, entra em sua biblioteca, onde retoma os clássicos e se deleita com os livros que o ritmo anterior de trabalho não o deixava ler.

☺ ☺ ☺

Em um estudo realizado com pessoas idosas que aprenderam a lidar com o computador descobriu-se que o uso desse equipamento aumentava em 5% a auto-estima e a satisfação na vida.

SHERER, 1996

93

Torça pelo time da casa

Conviver com os altos e baixos do seu time esportivo favorito poderá ajudar você a sentir-se parte de uma comunidade e mostrar-lhe o que tem em comum com seus vizinhos.

☺ ☺ ☺

Quase todas as pessoas no sul de Indiana torcem pelo time de basquete da Universidade de Indiana. O legal disso é que gente de todo tipo encontra algo em comum. Na vitória ou na derrota, o mecânico e o médico, o professor e o garçom, o porteiro e o prefeito têm um interesse e uma paixão em comum, além de um tema de discussão.

O time dá à comunidade uma chance não apenas de compartilhar um interesse, mas também de se reunir nos dias de jogo. E quando o time vai jogar fora da cidade, não é raro todas as casas estarem sintonizadas no jogo. Se andarmos pela rua, ouviremos conversas sobre o time e sentiremos imediatamente que fazemos parte de uma comunidade, que algo nos une a nossos vizinhos e ao resto da cidade.

Stanley, um torcedor de longa data, planejou seu casamento levando em conta os compromissos do Indiana. Sua futura esposa não se importou, pois afinal haviam se conhecido em um jogo. E por nada no mundo ela perderia uma final de campeonato.

☺ ☺ ☺

Pesquisadores descobriram que torcer pelo time local tem efeitos positivos, pois permite compartilhar um interesse com as outras pessoas da comunidade e aumenta a felicidade em 4%.

SHANK E BEASLEY, 1998

94

Não permita que suas crenças religiosas se enfraqueçam

A religião pode nos apontar o caminho e fornecer um sentido para viver num mundo onde acontecem tantas coisas negativas. A religião pode nos ajudar a desenvolver valores de amor, solidariedade e compaixão essenciais para a realização e felicidade do ser humano.

☺ ☺ ☺

Há mistério em todas as partes do mundo. Há perguntas por toda parte. A religião nos liga a uma dimensão que vai além de nós e oferece algumas respostas e diretrizes, oferece sobretudo esperança.

Doris está com 70 anos. Ela já teve câncer e dois ataques cardíacos. De acordo com qualquer prognóstico médico, já deveria estar morta. Em vez disso, ela visita seus netos e participa de encontros com estudantes de medicina para discutir a importância da fé religiosa em sua sobrevivência. Doris acredita que, sem a fé que a sustentou, não teria sobrevivido.

Você está cético, pensando que, afinal, é somente a opinião de uma mulher?

Pois saiba que pesquisadores da Escola de Medicina de Harvard, o Instituto Nacional de Saúde e inúmeras outras instituições confirmam a convicção de Doris. Seus estudos demonstram que práticas religiosas ativas estão associadas a vidas mais longas, mais saudáveis e certamente mais felizes.

☺ ☺ ☺

Pesquisas realizadas quanto ao efeito da religião sobre a satisfação na vida verificaram que, seja qual for a religião, as pessoas que têm sólidas crenças religiosas estão, em geral, satisfeitas com a vida, enquanto que aquelas que não têm qualquer crença religiosa demonstram geralmente insatisfação.

GERWOOD, LEBLANC E PIAZZA, 1998

95

Leia sempre

Ler livros traz uma dupla satisfação: a pessoa se distrai e se beneficia do que aprende. Além disso, exercita o cérebro e acumula sabedoria, o que a deixa feliz.

☺ ☺ ☺

O que você preferiria ser, uma pessoa que não sabe o que fazer com seu tempo livre ou uma pessoa que deseja ter tempo livre para mergulhar na leitura de um livro empolgante? Uma pessoa que se aborrece numa sala de espera ou uma pessoa que nem sente o tempo passar porque está entretida com um livro fascinante? Uma pessoa que só entra em contato com pessoas e idéias medíocres ou uma pessoa que convive com o que as maiores mentes humanas e os mais brilhantes talentos produziram? Uma pessoa que só ouve historinhas repetitivas de personagens desinteressantes ou uma pessoa que tem acesso a enredos fantásticos e excitantes de autores excepcionais? Uma pessoa que engole passivamente comerciais e programas de televisão de baixa qualidade ou uma pessoa que cria em sua mente imagens magníficas a partir da leitura de uma obra clássica?

☺ ☺ ☺

Ler ocupa os pensamentos. A leitura, ao exercitar a imaginação e produzir momentos de deleite, pode contribuir poderosamente para a felicidade. Os leitores regulares têm uma probabilidade aproximadamente 8% maior de expressar uma satisfação diária.

Scope, 1999

96

Cada relação é diferente da outra

Se você já se decepcionou com conflitos em suas relações com amigos ou com pessoas queridas, precisa compreender que cada relação é única. Não deixe que problemas com uma pessoa convençam você de que não tem capacidade para desenvolver uma boa amizade ou ser um parente amoroso.

☺ ☺ ☺

Jane tem um bom relacionamento com seus pais e com seu irmão, mas nunca se deu bem com sua irmã. Ela se sente frustrada com isso e está sempre tentando entender a causa dessa dificuldade. "O que há de errado comigo?", Jane se pergunta. Mas o modo de ser e as atitudes de Jane, que produzem um efeito tão positivo em seus pais e em seu irmão, parecem irritar e incomodar sua irmã. Jane, às vezes, pensa em mudar para agradar a irmã, mas isso não só seria artificial, como teria um impacto negativo em seus outros relacionamentos.

Por que não podemos ter relações positivas com todo mundo? A resposta, dizem os psicólogos da Universidade McGill, no Canadá, é que "as pessoas são complexas demais, têm inúmeras facetas", e não podemos esperar que reajam todas da mesma maneira.

O que podemos fazer? Precisamos saber que não é por uma falha nossa que, apesar de nos darmos bem com a maioria das pessoas a quem amamos, somos rejeitados por algumas. Esta é a realidade: as pessoas são diferentes e é impossível agradar a todas.

Os pesquisadores nos tranqüilizam: "Para se sentirem satisfeitas, as pessoas não precisam ter relacionamentos felizes com todo mundo. O que elas precisam é alegrar-se com seus relacionamentos felizes e administrar da melhor maneira possível os relacionamentos problemáticos."

☺ ☺ ☺

Os pesquisadores descobriram que não havia diferença entre a felicidade das pessoas ligadas basicamente aos amigos e a daquelas ligadas basicamente à família. As pessoas têm capacidade de ser felizes a partir dos relacionamentos disponíveis e não precisam que todas as relações tenham a mesma qualidade de afeto e afinidade.

TAKAHASHI, TAMURA E TOKORO, 1997

97

Acredite na justiça final

É óbvio para qualquer pessoa que há muitos problemas no mundo, mas conforte-se com a idéia de que, apesar de todas as aparências, no final o bem sempre triunfa. Seja em que setor for, saiba que aqueles que agrediram ou prejudicaram o mundo vão acabar pagando algum preço.

☺ ☺ ☺

John List era um homem velho, de maneiras suaves e aparência comum. O tipo que você vê na rua e não repara. Um dia sua história foi revelada e apareceu em um programa de televisão. Décadas atrás, esse homem comum havia cometido um crime hediondo, assassinando sua família. Ele assumiu uma outra vida e escondeu-se de seu crime durante muitos anos.

John List "escapou" durante todos esses anos? Bem, apesar de não estar preso, mais tarde ele descreveu o remorso e a tortura que sofria pelo que tinha cometido e o inferno de esperar a cada instante que sua máscara caísse e seu novo mundo desabasse.

☺ ☺ ☺

As pessoas entrevistadas revelaram que, embora tivessem vivido experiências terríveis e dolorosas, aquelas que acreditavam que a justiça acabaria triunfando tinham um nível 13% maior de satisfação na vida.

LIPKUS, DALBERT E SIEGLER, 1996

98

Estabeleça uma rotina doméstica

Muitas vezes nós nos sentimos sobrecarregados pela quantidade e diversidade das tarefas rotineiras. Precisamos limpar a cozinha, arrumar os armários, botar roupa para lavar, passar o aspirador na sala, levar o filho à escola, fazer compras no supermercado, preparar o jantar... Ficamos zonzos, sem saber direito por onde começar, correndo o risco de esquecer alguma coisa.

Faça o seguinte: coloque por escrito todas as suas atividades e elabore um roteiro razoável com aquilo que é possível realizar a cada dia. Fica tudo muito mais nítido e, em vez de as atividades tomarem conta de você, é você quem passará a controlá-las.

☺ ☺ ☺

Ernie é professor. Ele freqüentemente diz a seus alunos que, embora adore ensinar, há um lado seu que gostaria de ser construtor. Por quê?, perguntam eles. Porque os construtores têm que fazer as coisas de forma organizada, dando um passo de cada vez. Eles começam colocando as fundações, em seguida erguem as paredes, o teto, o piso. Não só existe ordem, como também fica mais fácil avaliar o progresso da obra. A qualquer hora podem ver imediatamente o que já realizaram.

Ernie diz a seus alunos que, ao desempenhar suas tarefas, é preciso imitar os construtores. É preciso definir uma ordem para as coisas que devem ser feitas e levar cada uma até o fim. Sem isso, a tendência é começar uma coisa, em seguida se deixar distrair por outra, depois olhar em volta e sentir que ou não se fez nada ou se deixou tudo pela metade. Quando lidamos com as tarefas do mesmo modo que um construtor, terminamos aquilo que começamos e a cada passo podemos ver que estamos mais próximos de terminar.

☺ ☺ ☺

Em pesquisas realizadas com famílias, a organização das tarefas domésticas aumentou a satisfação pessoal diária em cerca de 5%.

Henry e Lovelace, 1995

99

Diga "não tem importância"

Um antigo colega de escola é mais rico, mais bonito e mais esperto do que todos os outros. Isso afeta a sua felicidade? Não deveria. Aquilo que nos realiza e que nos traz satisfação no dia-a-dia é que realmente constitui a nossa felicidade. Não perca isso de vista, mesmo ante o sucesso e a riqueza dos outros.

Dois amigos de infância, Ken e Alan, escolheram carreiras diferentes. Alan é assistente social e ajuda a resolver conflitos familiares. Ken presta consultoria na área de informática, tem sua própria empresa e é riquíssimo.

Alan adorava seu trabalho e sentia-se muito bem pensando no efeito que causava nas famílias com que trabalhava. Mas, vendo Ken nos noticiários e colunas sociais – matérias de jornais sobre o sucesso de sua empresa e sua fortuna crescente –, Alan começou a se questionar acerca de suas escolhas. Por que ele não tinha o mesmo sucesso de Ken?

A verdade é que Alan não queria o sucesso de Ken. Se quisesse, teria tomado outro rumo em vez de seguir sua vocação. É claro que, em uma sociedade que mede o valor das pessoas pela riqueza e fama, é difícil ficar imune ao destaque dos outros. Justamente por isso, é preciso tomar consciência de que o que realmente importa é seguir seu movimento interior e realizar da melhor maneira possível sua vocação. Alan nunca desejara dedicar sua vida a uma empresa, e o que ganhava como assistente social era suficiente para suprir suas necessidades. Ele sentia um gosto enorme em ajudar as pessoas, e era isso o que fazia. Sua inveja da vida de Ken dissipou-se quando ele pensou nos rostos sorridentes das famílias que ajudava todos os dias.

Às vezes olhamos para o que as outras pessoas têm e queremos tê-lo também em vez de pensar naquilo que realmente nos motiva, que realmente queremos e de que precisamos. Não se compare com os outros, faça o melhor que estiver ao seu alcance, procurando sempre progredir.

☺ ☺ ☺

Descobriu-se que a satisfação na vida está relacionada às experiências com a família e os amigos – aqueles que participam regularmente da nossa vida – e não tem relação com as pessoas com quem temos contatos breves ou irregulares.

Hong e Duff, 1997

100

O que isso tudo quer dizer? Você decide

O seu futuro – o modo como você se sente em relação a ele, a si mesmo e a tudo o mais – é decorrente das decisões que você toma, das prioridades que você define e da perspectiva que você adota em relação às coisas.

☺ ☺ ☺

Há muitas questões sem resposta que nos atormentam, um século após outro. Por que estamos aqui? O que devemos fazer? Para que serve isso tudo? As respostas a essas perguntas são difíceis de conseguir porque a verdade não está nas outras pessoas, mas em nós mesmos. A vida é um dom, e quando a recebemos ganhamos também a oportunidade de decidir o que fazer com ela. O caminho e o objetivo da sua vida serão traçados em um mapa criado por você.

☺ ☺ ☺

Em um estudo que acompanhou as realizações de mais de 100 adultos durante um período de dois anos descobriu-se que o efeito dos acontecimentos "bons" ou "ruins" dissipava-se rapidamente. Isto é, a felicidade das pessoas não dependia da soma de acontecimentos, mas daquilo que elas faziam com esses acontecimentos.

SUH, DIENER E FUJITA, 1996

CONHEÇA OUTROS LIVROS DA ALTA LIFE

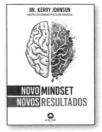

Todas as imagens são meramente ilustrativas.

CATEGORIAS

Negócios - Nacionais - Comunicação - Guias de Viagem - Interesse Geral - Informática - Idiomas

---

SEJA AUTOR DA ALTA BOOKS!

Envie a sua proposta para: autoria@altabooks.com.br

Visite também nosso site e nossas redes sociais para conhecer lançamentos e futuras publicações!

www.altabooks.com.br

ALTA BOOKS
EDITORA

/altabooks • /altabooks • /alta_books

CONHEÇA OUTROS LIVROS DA ALTA LIFE

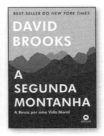

Todas as imagens são meramente ilustrativas.

+ **CATEGORIAS**
Negócios - Nacionais - Comunicação - Guias de Viagem - Interesse Geral - Informática - Idiomas

---

SEJA AUTOR DA ALTA BOOKS!

Envie a sua proposta para: autoria@altabooks.com.br

Visite também nosso site e nossas redes sociais para conhecer lançamentos e futuras publicações!

www.altabooks.com.br

ALTA BOOKS
E D I T O R A

/altabooks • /altabooks • /alta_books

Este livro foi produzido nas
oficinas da Imos Gráfica e Editora na
cidade do Rio de Janeiro